KB114991

내 인생은 도대체 왜 이럴까?

내 인생은 도대체 왜 이럴까?

초판 1쇄 인쇄   2021년 12월 13일
초판 1쇄 발행   2021년 12월 20일

지은이   장한별
펴낸이   한준희
펴낸곳   ㈜새로운 제안

책임편집 이도영
디자인   이지선
마케팅   문성빈 김남권 조용훈
영업지원 손옥희 김진아

등록   2005년 12월 22일 제2020-000041호
주소   (14556) 경기도 부천시 조마루로 385번길 122 삼보테크노타워 2002호
전화   032-719-8041   **팩스**   032-719-8042
이메일   webmaster@jean.co.kr   **홈페이지** www.jean.co.kr

ISBN   978-89-5533-625-2 (03190)

내 인생은 도대체 왜 이럴까?

장한별 지음

새로운제안

인생이 내 마음 같지 않다고 느끼는 당신에게

인생을 살다보면 뭐 하나 내 마음대로 풀리는 게 없다는 생각이 듭니다. 나이를 먹고 몸은 자랐지만 마음은 아직 어린이에 머물러있는 탓에 다양한 불편함과 고단함을 호소합니다. 인간관계, 연애와 결혼, 가족, 직장, 돈, 감정 등 삶의 모든 일들이 버겁게 느껴질 때면 '왜 나에게 이런 일이 생기지? 내가 전생에 무슨 죄를 지어서?'라는 생각마저 듭니다. 고통스럽고 힘든 상황에서 벗어나려고 아무리 발버둥 쳐봐도 딱히 달라지는 것이 없을 때는 허탈함과 무력감에 사로잡히기도 하죠.

저는 10여 년간 강의를 하며 수많은 사람들을 만났습니다. 그들은 저마다의 고민과 걱정, 아픔 등을 안고 살고 있었습니다. 어떤 사람은 만족스럽지 않은 삶을 바꾸고 싶어 하면서도 막상 무엇을 해야 할지 몰라 방황하고 있었습니다. 그저 환경이 바뀌길, 기적이 일어나길, 시간이 해결해주길 기대하며 살아내고 있었습니다. 또 어떤 사람은 책도 읽고 주변의 도움도 받으면서 적극적으로 변화를 시도하기도 했습니다.

우리 인생은 나의 생각과 습관의 변화만으로도 충분히 달라질 수 있습니다. 이는 내 마음 같지 않은 인생을 내 마음대로 바꿀 수 있다는 뜻은 아닙니다. 다만 인생을 대하는 나의 관점과 태도를 바꿈으로써 인생을 좀 더 만족스럽게 살아갈 수는 있습니다. 절망 속에서 희망을 찾고, 아픔 속의 행복을 끄집어내는 연습을 하는 거죠.

이 책은 몸은 어른이지만 마음은 자라지 못한 '어른이'가 좀 더 행복한 인생을 살기 위한 생각, 태도, 습관의 변화와 연습의 중요성에 대해 말하고자 합니다. 매일매일 찬란할 수는 없지만 매일매일 불행해서도 안 되는 게 인생입니다. 또한, 내 인생은 내 것이기에 내가 잘 가꾸고 꾸려나가야 합니다. 그러기 위해서는 나를 이해하고, 나의 이야기를 들어주고, 나를 아끼고 사랑하며, 나 스스로 변해야 합니다. 이 과정에서 거친 바람이 불어와 애써 피운 꽃잎을 날려버릴지도 모릅니다. 그러나 바람은 언젠가는 지나갈 것이고, 떨어진 꽃잎은 열매로 다시 태어날 것입니다.

저자 장한별

차례 …

part2.

성숙한 관계를 위한 연습

part3.

찐 사랑을 위한 연습

part4.

새로운 가족이 되기 위한 연습

part5.

행복한 어른이 되기 위한 연습

Part1

몸은 자랐지만
마음은 자라지 못한
어른이

내 인생은
도대체 왜 이럴까?

전생에 무슨 죄를 지어서 내게만 이런 일이 일어날까?

신우는 회사에서 자신을 대하는 상사나 부하 직원들의 태도 때문에 힘들어합니다. 상사는 자신을 못 잡아먹어서 안달이고, 부하 직원들은 자신을 상사로 대우하지 않는 것 같았죠. 도대체 무슨 죄를 지었기에 상사나 부하 직원들이 자기에게만 그런 태도를 보이며 괴롭히는지 도무지 이유를 알 수 없었고, 변하지 않는 그들의 태도에 회사 생활은 점점 힘들어졌습니다.

누구나 살다 보면 한 번쯤 '왜 나에게 이런 일이 생기지? 내가

몸은 자랐지만 마음은 자라지 못한 어른이

전생에 무슨 죄를 지어서?'라는 생각이 들 때가 있습니다. 그러한 원치 않는 상황에서 벗어나려고 발버둥 쳐보지만, 뜻대로 되지 않을 때면 답답함과 무력감만 느끼게 되죠. 우리는 어떤 문제에 봉착했을 때 외부적인 요인, 즉 표면에 드러난 현상에서 문제의 원인을 찾으려고 합니다.

연인과의 다툼, 부모님과의 마찰, 직장 상사에 대한 불만, 뒤에서 내 흉을 보는 친구 등 모두 상대의 태도 혹은 상황이나 환경 때문에 나의 불만과 고통이 시작되었다고 생각하죠. 물론 그럴지도 모릅니다. 상대의 태도가 조금만 친절했다면, 상대가 나에게 모진 말을 하지 않았더라면, 좀 더 좋은 상황이었더라면 생기지 않았을 문제일 수도 있겠죠.

하지만 상대의 태도나 주어진 환경이 변한다고 해서 나를 괴롭히는 문제의 근본이 해결될 수 있을까요? 회사를 옮기고 상사와 부하 직원이 바뀌면 상황이 나아질까요? 만약 상황이나 환경이 바뀌어도 여전히 문제가 해결되지 않는다면, 늘 비슷한 문제로 고통받는다면 문제를 바라보고 해석하는 나의 내면을 먼저 들여다봐야 합니다.

별일이라는 생각이 별일을 만든다

재영과 연규는 같은 보육원에서 자라다가 청년이 된 후 독립을 했습니다. 재영은 어려운 환경에서도 주변 사람들을 도우며 긍정적으로 살아갑니다. 상처받는 일도 많지만, 그 또한 모두 지나갈 것으로 믿으며 긍정적으로 헤쳐 나가려 노력합니다. 비록 경제적 여유는 없지만, 마음만은 부자로 살아가죠. 반대로 연규는 독립 후 자기 사업을 시작해 크게 성공했습니다. 하지만 연규는 주변 사람들의 사소한 말이나 행동에 예민하게 반응합니다. 늘 삐딱한 시선으로 세상과 사람들을 바라봅니다. 그는 늘 자기 주변에는 부정적인 일들이 도사리고 있다고 믿습니다. 그는 경제적으로는 풍요롭지만, 심리적으로는 불행한 삶을 살아갑니다.

재영과 연규의 사례에서 알 수 있듯 우리는 좋은 상황도, 좋지 않은 상황도 결국엔 각자의 방식으로 받아들입니다. 상황 자체가 문제라기보다는 개인의 생각이 큰 영향을 미치는 거죠. 같은 상황, 같은 문제도 어떤 사람은 그저 웃어넘기거나 대수롭지 않게 생각하는 반면, 또 어떤 사람은 민감하게 반응하며 불편함과 고통을 호소합니다.

우리는 인생에서 경험하는 다양한 문제를 내 안의 생각이나 기준으로 이해하고 판단합니다. 별일이라 여기면 별일이 되고, 별일 아니라 여기면 별일 아닌 게 되는 거죠. 결국 나에게 일어난 문제를 해결하려면 그것을 바라보고 해석하는 마음의 소리에 귀 기울여야 합니다.

내가 무엇에 민감한지, 무엇이 나를 그토록 민감하게 만들었는지, 내 선택과 내 판단을 좌지우지하던 내면의 아이를 찾아내 대화를 시도해야 합니다. 누구나 겪을만한 보통의 일을 나만 민감하게 받아들이는 건 아닌지, 그렇다면 그 일이 왜 나를 그토록 민감하게 만드는지 고민해야 합니다. 그 과정을 통해 세상을 대하는 태도를 조금씩 변화시킬 수 있습니다.

이런 변화는 내 삶에 조금씩 스며들어 나를 괴롭히던 문제나 고통을 이전과는 다르게 받아들일 수 있게 해줄 겁니다. 누구에게나 벌어지는 일이었을 뿐인데, 내 안의 문제에 갇혀 스스로 갉아먹고 있던 것일지도 모른다고 생각하게 될 겁니다. 나에게 일어나는 다양한 문제들이 사실은 내가 생각했던 것만큼 큰 문제가 아니었을지도 모른다는 사실을 알게 되길 바랍니다.

그동안 내가 알던 내가 아니야!

영수는 부정적인 상황에도 늘 밝은 모습만 보여줍니다. 친구들과 주변 사람들도 그런 영수를 신뢰합니다. 어느 날 영수는 친구와 함께 심리상담소를 찾았습니다. 그는 상담사에게 '너는 왜 네 속마음을 얘기하지 않아?'라는 말을 너무 자주 듣는 게 고민이라고 털어놓았습니다.

영수의 말을 들은 상담사는 남에게 약점을 보이고 싶지 않은 무의식 속 방어가 영수 자신을 옭아매며 스스로를 속여 왔다고 말했습니다. 불편한 감정들을 무의식 속 깊은 곳에 숨기고 살다 보니 진짜 본인의 모습을 인지하지 못한 채 살았던 거죠. 상담사는 영수 스스로 본인이 어떤 사람인지를 인지해야 고민을 해결할 수 있다고 조언했습니다.

우리는 그동안 눈에 보이는 현상에서 문제의 원인을 찾아왔습니다. 자기 내면은 외면한 채 주위에서 화의 원인을 찾아 감정을 분출하죠. 하지만 그것이 문제나 고민의 근본을 해결해주지 못하는 경우가 많습니다. 또한 문제가 해결된 것처럼 보이다가도 비슷한 사건을 반복해서 겪기도 합니다. 근본적인 문제를 해결

몸은 자랐지만 마음은 자라지 못한 어른이

하려면 먼저 내면의 나와 관계를 회복해야 합니다. 그래야 그동안 나를 괴롭혔던 마음속의 불편한 존재를 밀어낼 수 있습니다. 나 자신을 제대로 인지하고 깨달아야 나의 문제를 명확히 파악할 수 있기 때문입니다.

　인생의 막다른 길목에 서 있다는 생각이 들거나 아무리 노력해도 좀처럼 달라지지 않는 상황 때문에 답답하다면 그동안 외면해왔던 나의 내면과 대면하고 나를 이해하는 시간이 필요합니다. 해결되지 못한 마음의 응어리나 트라우마, 방어기제 등이 무의식에 자리잡고 있는 건 아닌지 내면의 소리를 들어보세요. 그동안 내게 일어났던 모든 일들이 단순히 외부적 상황 때문만이 아니었음을 이해하게 될 것입니다.

내 성격은
왜 이럴까?

내 성격이 문제인걸까?

준영은 급한 성격 탓에 자잘한 실수를 자주 합니다. 하지만 성격이 급해서 누구보다 문제해결이 빠르고, 추진력이 뛰어납니다. 장점이 있는 성격임에도 준영은 어떤 일의 결과가 나쁘면 자신의 급한 성격 탓을 하며 성격을 바꾸고 싶어 했죠.

나이가 들면 내가 원하는 모습으로 내가 바랐던 삶을 살 것 같지만 그렇지 못한 현실에 좌절하는 것이 인생입니다. 그럴 때면 괜히 애꿎은 성격 탓을 하기도 합니다. 내성적이어서, 불같아서, 소심해서, 깐깐해서, 예민해서 일이 안 풀린 것 같고 자기 성격이 마음에 들지 않습니다. 성격만 바뀌면 뭐든 할 수 있을 것 같은데 성격을 바꾸는 게 말처럼 쉬운 일이 아니라 안타깝기만 합니다.

그런데 그동안 실패했던 일, 혹은 내 마음처럼 되지 않았던 일들이 정말 내 성격 탓일까요? 성격을 바꾸면 그동안의 관계나 일들이 술술 풀릴까요?

우리는 자신의 단편적인 성격을 업무나 대인 관계 또는 삶에 결부시키곤 합니다. '나는 내성적이라서 사람을 잘 못 사귄다, 나는 자유로운 성격이라서 회사 생활을 못 한다'처럼 성격과 삶을 연결 짓습니다. 이러한 오류는 나에게 일어난 나쁜 일들이 내 성격에서 비롯된 것이라고 믿게 만들죠.

성격이 개인의 삶에 큰 영향을 미치는 것은 사실입니다. 하지만 내성적인 성격 때문에 면접에서 매번 떨어지는 걸까요? 차가운 성격 때문에 똑같은 이유로 이별을 반복하는 걸까요? 그렇지 않습니다. 좋지 않은 결과를 모두 성격 탓으로 치부하는 습관이 자신을 하찮은 사람으로 만들고 있을 뿐입니다. 실제로 성격이 내성적이어서 면접에 떨어지는 것도, 다정하지 않아서 자주 이별하는 것도 아닙니다. 단지 그런 성격이 단점이라고 단정하고 결과와 연결 지을 뿐입니다.

모든 성격은 장단점을 함께 지니고 있습니다. 원래 좋은 성격, 원래 나쁜 성격은 없습니다. 따라서 내 성격과 환경을 선택적으로 연결해서 해석하고 왜곡하는 것은 내 삶을 변화시키는 데 도움이 되지 않습니다. 진정한 변화를 위해서는 성격과 삶을 선택적으로 연결 짓는 습관은 없는지 먼저 점검해보는 것이 중요합니다.

성격은 바꿀수 있을까?

성격은 오랜 시간 축적되어온 정서, 인지, 행동의 결과물입니다. 타고난 기질이 있는가 하면 환경에 따라 변하기도 하죠. 그렇다면 과연 성격은 내가 원하는 방향으로 바꿀 수 있을까요?

선희는 상대방을 과하게 배려하느라 실속을 챙기지 못하는 일이 많고, 불편하고 부당한 일이 있어도 혼자서 감내합니다. 자기 감정을 솔직하게 말하지 않고 '좋은 게 좋은 거지'라는 마음으로 상대방이 부당한 행동을 해도 그냥 참아버리죠.

하지만 늘 이런 성격을 고치고 싶어 했던 선희는 큰 용기를 냈습니다. 평소 자신의 마음을 불편하게 해왔던 동료에게 그동안 마음속에 눌러두었던 말을 꺼낸 겁니다. 선희의 말을 들은 동료는 몹시 당황하며 평소보다 더 크게 화를 냈습니다. 그 일이 있은 후 선희는 '역시 감정을 솔직하게 말하는 것은 별로야'라고 생각하게 됐습니다.

선희의 동료는 선희가 그런 감정이 있으리라고는 꿈에도 상상하지 못했습니다. 그동안 선희가 불편한 내색을 한 번도 하지 않았으니 그럴 수밖에요. 그러다가 어느 날 갑자기 싫은 소리를 한꺼번에 쏟아내니 '당황스럽고 충격적이어서 더 크게 화를 냈다'고 선희에게 사과했습니다.

그날 이후 선희는 자신의 감정을 100분의 1쯤은 표현해보려고 노력했습니다. 적어도 부당한 일을 당할 때만큼은 솔직하게 거절하는 연습을 했죠. 처음에는 조금 불편하고 힘들었지만, 차츰 상대와의 관계가 오히려 더 개선되는 경험을 하게 됐습니다. 물론 아직 모든 감정을 솔직하게 말하는 게 부담스럽고 힘들지만 적어도 부당한 일을 당할 때는 솔직하게 말할 수 있게 됐죠.

개인의 성격은 한번 형성되면 웬만해서는 쉽게 바꾸기 어렵습니다. 낯가림 심한 사람이 갑자기 외향적으로 변하거나, 신중하고 소심한 사람이 하루아침에 대범해지기란 어려운 일이죠. 성격을 바꾸고 싶은 사람들이 들으면 다소 절망적인 이야기일 수 있습니다. 하지만 성격은 단기적으로는 쉽게 변하지 않지만, 장기적으로 노력하면 개선할 수 있는 요소들이 충분히 있습니다.

라면 좋아하시나요? 라면은 맵고 짜다는 성격이 있습니다. 하지만 물의 양을 조절하거나 채소 등 다른 재료를 첨가하는 방식으로 원래의 맛을 조금씩 바꿀 수 있죠. 우리의 성격도 마찬가지입니다. 급하고, 소심하고, 낯가리는 성격을 여유롭고, 대범하고, 사교적인 성격으로 보이게 바꿀 수 있죠. 성격을 구성하는 다양한 요소들 즉, 말하는 방식, 표현하는 방법, 말할 때 표정 등을 바꾸면 성격의 색깔을 바꿀 수 있습니다.

타고난 기질이나 성격은 쉽게 변하지 않지만 살아가면서 영

몸은 자랐지만 마음은 자라지 못한 어른이

향을 받는 개인의 가치관, 행동 등은 충분히 변화할 수 있습니다. 따라서 성격 자체를 바꾸려는 노력보다는 세부적인 태도의 변화를 위해 노력해야 합니다.

생각의 변화는 성격을 변화시킨다

해라는 상대방에게 자신의 감정을 너무 직선적으로 표현해서 오해를 사는 경우가 종종 있습니다. 본인은 인지하지 못하는 과한 솔직함 때문에 남자 친구에게 상처 주는 일이 잦아서 결국 이별 통보까지 받게 됐죠. 그녀는 자신의 성격 때문에 이별의 아픔을 겪게 된 것에 충격을 받고 성격을 바꾸고자 했습니다. 하지만 어떻게 해야 성격을 바꿀 수 있는지, 타고난 성격이 바뀌기는 할지 의문스러웠습니다.

성격은 내가 처한 환경에 순응하고 적응해 가는 과정을 통해 변화하곤 합니다. 우리가 성격을 바꾸려는 이유도 각자 처한 환경에 적응하며 살기 위해서일 것입니다. 개인의 변화를 통해 현재 처한 환경에서의 갈등이나 부적응을 해결하고 싶은 거죠.

하지만 앞서 말했듯 성격은 생각처럼 쉽게 바꿀 수 없습니다. 해라의 경우도 성격 때문에 겪는 불이익을 타개해보고자 성격을 바꿔야겠다고 생각했지만 막상 무엇부터 시작해야 할지 혼란스러웠습니다.

성격을 바꾸고 싶다면 '나는 변할 수 있다'라는 믿음이 필요합니다. 믿음이 없으면 노력을 덜 하게 될 것이고, 자신에 대한 믿음이 있으면 변화하기 위해 노력하겠죠. 물론 스스로에 대한 믿음이 있다고 해도 변화의 과정에서 생기는 다양한 저항 탓에 어려움이 생길 수 있습니다. 그럼에도 불구하고 개인의 가치관, 행동 방식, 습관 등을 바꾸려는 꾸준한 노력과 의지는 성격의 상당 부분을 변화시킬 수 있습니다.

특히 사고방식의 변화는 세상과 주변을 바라보고 해석하는 개인의 가치관을 변화시키고, 가치관의 변화는 대응 방식의 변화로 이어져 결국 성격의 변화로 이어집니다. 이를 실현하기 위해서는 외부 환경이나 주변에 쏟던 관심을 자기 내면으로 돌릴 필

몸은 자랐지만 마음은 자라지 못한 어른이

요가 있습니다.

　그렇지만 사고방식만 변했다고 해서 행동이나 습관마저 쉽게 변하지는 않습니다. 행동과 습관을 바꾸려면 꾸준히 노력하는 방법밖에는 없습니다. '첫술에 배부르랴'라는 말처럼 며칠 노력한다고 바로 결과로 나타나지도 않습니다. 그럼에도 불구하고 스스로에 대한 믿음을 갖고 꾸준히 노력하면 성격의 변화를 경험하게 될 것입니다.

화가 나서
미칠 것 같아!

사소한 일에도 화가 나는 이유

　사소한 일에도 쉽게 화내는 사람을 종종 볼 수 있습니다. 별일도 아닌데 불같이 화내는 모습을 보면 저절로 눈살이 찌푸려집니다. 보는 이도 불편하지만, 막상 화를 낸 당사자도 시간이 지나 감정이 가라앉으면 후회와 죄책감에 힘들어합니다. 또는 자신이 화낸 것은 정당했다며 구구절절 이유를 들어 합리화하기도 하죠.

　누구나 화를 내는 이유는 있습니다. 부하 직원이 시킨 일을 제대로 하지 않았다거나, 친구가 나를 무시한다거나, 지나가는 사람이 부딪히고는 사과 한마디 안 하는 등 다양한 일이 인간의 화를 부릅니다. 하지만 너무 자주 화를 내거나 별것 아닌 일에 화부터 내고 뒤늦게 후회하는 편이라면 자신이 화내는 이유를 다시 한번 생각해 봐야 합니다.

은영은 친구들과 대화하다가도 쉽게 흥분하고 언성이 높아집니다. 친구들은 항상 '목소리 좀 낮춰라, 왜 이렇게 화를 내냐?'라며 질책하곤 합니다. 그 말을 들은 은영은 '내가 언제 화를 냈냐?'라며 더 크게 화를 냅니다. 그녀는 사소한 일에도 곧잘 흥분하는데, 자기 의견이 친구들과 다르거나 친구들이 자신에게 충고나 조언을 해 줄 때도 어김없이 언성을 높여 화를 냈습니다. 이런 은영의 태도에 친구들은 마음 상할 때가 많았고, 점점 은영과는 깊은 대화를 하지 않았습니다.

친구들 사이에서 은영은 화가 많은 아이로 통하지만, 그녀가 결코 나쁜 사람은 아닙니다. 동정심도 깊고 친구들에게 어려운 일이 생기면 늘 나서서 해결해 주려고 노력하는 정의의 사도이기도 하죠. 평소에는 참 좋은 은영이지만 누군가로부터 무시당하거나 공격당한다고 느낄 때 자신도 모르게 화부터 내고 맙니다. 친구들이 자신과 다른 의견을 내는 것이, 친구들이 자신에게 충고나 조언하는 것이 자신을 무시하고 공격하는 것으로 느껴져서 방어적으로 화를 내는 거죠.

우리는 화가 난 이유를 표면에 드러난 상황이나 상대방에게서 찾으려고 합니다. '상대가 무시해서, 말을 함부로 해서, 기분 나쁘게 쳐다봐서' 등 다양한 이유로 화가 났다고 말하죠. 그러나 표면에 드러난 상황이나 상대방 때문에 화가 난 것이라고 단정할 수는 없습니다.

인간은 무의식적인 차원을 인지하지 못해서 스스로 인지할 수 있는 의식적인 차원에서 감정의 이유나 원인을 찾으려고 합니다. 이 때문에 당장 눈앞에 보이는 사람이나 상황이 내가 화를 내는 이유가 되는 거죠. 하지만 상황이 어떻든 화를 낸 주체는 바로 '나'입니다. 같은 상황에도 어떤 사람은 화를 내지만 어떤 사람은 대수롭지 않게 넘기기도 합니다. 또 어떤 날은 같은 상황에서 화를 냈지만 어떤 날은 유연하게 넘어가기도 하죠.

따라서 내가 화를 낸 이유가 무의식 속의 민감한 부분이 자극

　　　　　몸은 자랐지만 마음은 자라지 못한 어른이

되었기 때문일 것이라는 사실을 인지해야 합니다. 쉽게 화내고 욱하는 다양한 상황들을 정리해서 그 상황 이면에 숨어있는 나를 불편하게 만드는 진짜 이유를 찾으려는 노력이 필요합니다. 이걸 알아차리면 상대가 나를 무시하거나 공격하려고 한 행동이 아니었으며, 내 안의 민감한 부분이 자극되어 불편한 감정을 느끼는 것임을 인지하게 됩니다. 이는 결국 같은 상황이 또 발생해도 이전과는 다르게 대응할 수 있게 해줄 것입니다.

분노의 감정에 속지 않는 내가 되길

항상 웃는 얼굴이던 사람이 갑자기 돌변해서 화내는 일도 있습니다. 이런 사람들은 겉으로 보기에는 늘 차분하고 타인을 배려하는 듯하지만, 속으로는 자신의 감정을 통제하고 억누르기 바쁩니다. 또한 자신의 감정에 쉽게 휘둘려 화내고 짜증내는 것은 옳지 않다고 생각하거나, 타인에게 화난 모습을 보여주는 게 민폐라고 여기기도 합니다.

그러나 감정을 무작정 억누르다 보면 어느 순간 폭발해서 그동안의 노력이 무산되는 일도 발생합니다. 억지로 참으며 쌓아둔 감정이 주체하지 못할 분노로 바뀌어 터지는 거죠. 그런 일을 겪을 때마다 자신의 감정을 억압하려고 더욱 노력하지만, 매번 참다가 터지고, 참다가 터지는 악순환을 반복합니다.

연수는 자기의 감정을 잘 통제하는 편입니다. 화를 잘 안 내는 자신이 성숙한 사람인 것처럼 느껴져서 자랑스럽게 생각했죠. 몇 년간 화 한번 내지 않고 타인에게 피해를 주지 않으며 살았노라 자부했지만, 그 자부심이 일순간에 무너진 사건이 발생합니다.

연수에겐 남자 친구가 있습니다. 만난 햇수가 오래되다 보니 서로를 가족처럼 편하게 생각했죠. 하지만 언제부턴가 남자 친구와 대화할 때면 벽을 보고 얘기하는 듯한 답답증을 느꼈습니다. 평소 다투는 걸 좋아하지 않는 연수였기에 스스로 감정을 통제하며 참아봤지만 소용없었습니다. 갈수록 사소한 일로 다투는 일이 잦아졌던 거죠. 사소한 다툼은 점점 큰 싸움으로 번졌고, 어느 순간부터 연수 자신도 몰랐던 또 다른 자신의 모습을 발견하

몸은 자랐지만 마음은 자라지 못한 어른이

게 됩니다. 남자 친구에게 고래고래 악을 쓰며 큰소리로 분노했던 겁니다.

연수는 그런 자기 모습을 용납하지 못하면서도 남자 친구와 싸울 때면 어김없이 악을 쓰며 폭발해버렸습니다. 그렇게 실컷 분노한 뒤엔 무엇 때문에 싸웠는지조차 기억하지 못했습니다. 싸움이 끝나면 서로에게 사과하고 상황이 해결되는 듯했지만, 연수 마음속에 자리잡은 분노는 쉽게 사라지지 않았습니다. 스스로 감정을 다스리고 통제하는 것이 미덕이라 여겼던 연수는 자기 모습이 혐오스럽기까지 했습니다. 연수는 왜 그토록 감정을 통제하지 못하고 분노했을까요?

정신분석학자 프로이트는 인간의 행동, 느낌, 생각은 무의식 속에 잠재된 원인으로 일어난다고 말합니다. 억압된 무의식은 특정한 순간에 수면 위로 떠올라 나도 모르게 표출될 수 있습니다. 우리는 분노의 원인을 종종 상대에게서 찾곤 합니다. 그러나 상대의 자극에도 마음의 여유가 있거나 기분이 좋을 때는 특별히 분노하지 않기도 합니다. 즉, 상대의 자극 자체가 원인이 아닌 감정을 처리하는 나 자신에게 집중해야 합니다. 분노의 감정을 통제하는 것은 자신의 몫입니다.

분노가 폭발하기 직전에 상대 탓을 해봐야 큰 도움이 되지 않습니다. 오히려 분노를 가중할 뿐이죠. 나도 모르게 분노의 감정이 올라올 때는 상대가 아닌 나에게 집중해보세요. 상대의 어떤 행동이나 말이 나의 무의식 속 민감한 부분을 자극했을까를 고민하며 외부로 향할 화의 원인을 내면에서 찾아보는 겁니다.

물론 분노가 치밀 때 생각을 전환한다는 것은 쉽지 않습니다. 하지만 감정도 연습을 통해 조절할 수 있습니다. 내 안의 감정에 집중하는 연습을 하다 보면 분노하는 상황에 놓일 때마다 좀 더 유연하게 감정을 다스릴 수 있습니다.

왜 자꾸
점이나 타로에
집착할까?

그집 정말 용하다

　나이 들수록 불확실한 미래가 불안해지기 마련입니다. 연애, 결혼, 직장, 대인 관계 등 어느 것 하나 확신할 수 없죠. 이런 상황에서 누군가가 나의 미래를 확실히 말해준다면 마음이 편할 것 같습니다. 그래서 많은 사람이 점이나 타로에 의지하기도 합니다. 무슨 일이 생길 때마다 점이나 타로를 보며 위로와 안정을 찾으려 하죠.

한국과 외국을 오가며 일하던 진영은 결혼과 일, 한국 정착에 대해 고민이 많았습니다. 그러던 중 지인의 추천으로 유명한 점집을 찾았습니다. 그곳의 무속인은 진영의 과거를 찰떡같이 맞혔죠. 평소에 사주나 점을 믿지 않았던 진영은 무속인의 이야기에 홀딱 빠져 그날 이후 무슨 일이 생길 때마다 그곳을 찾아가 미래에 대한 조언을 구합니다.

진영의 이야기를 들은 미선도 그 점집을 찾아갔습니다. 하지만 진영의 말처럼 소름 끼치게 잘 맞지도 않을뿐더러 실체가 없는 허무맹랑한 이야기만 듣고 왔습니다. 결국 듣고 싶은 말을 듣지 못한 미선은 유명하다는 점집을 다시 수소문해 찾아다녔지만 아무 데서도 원하는 대답을 듣지 못했습니다. 미선은 지금도 여전히 유목민처럼 점집을 찾아다니고 있습니다.

많은 사람이 불확실한 미래를 알고 싶어서 용하다는 점집을 찾아다니곤 합니다. 맞는 말을 해준다 싶으면 '이곳이야!'라고 생각하기도 하고, 아니다 싶으면 나에게 맞는 곳이 나타날 때까지 여러 곳을 헤매기도 하죠. 영화 〈위대한 쇼맨〉의 모티브인 쇼맨 '바넘'은 관객의 성격을 잘 맞히는 걸로 유명했습니다. 그가 속임

수를 쓴다며 그의 비밀을 밝혀내려는 사람이 있었지만 결국 알아내지 못했고, 1세기가 지난 후에야 심리학자 포러에 의해 바넘의 능력이 밝혀집니다. 바넘은 대다수 사람이 지닌 보편적인 성격 특성을 관객에게 묘사했고, 관객들은 대다수 사람이 가진 특성이 자기에게만 있는 것이라 믿었죠. 이런 사실을 '바넘 효과' 혹은 '포러 효과'라고도 합니다. 누구에게나 적용할 수 있는 특성을 모호하게 말하면 사람들은 자신의 처지에 꿰맞춰 마치 본인만의 이야기인 것처럼 생각합니다. 그런 의미에서 점이나 타로, 혈액형, MBTI 테스트 등의 결과에 지나치게 휘둘리는 것은 바넘 효과가 반영된 결과일지도 모릅니다.

해답은 내 마음 속에 있다

언제 어떻게 변할지 모르는 인간의 미래를 정확하게 점치는 게 가능할까요? 우연인지 사실인지는 알 수 없지만, 간혹 미래를 정확히 맞히는 일도 있습니다. 하지만 그조차도 언제나 변수가 있습니다. 같은 점집이지만 진영의 이야기는 찰떡같이 맞혔지만 미선은 그렇지 않았던 것처럼 말이죠.

그런데도 점이나 타로를 자꾸 찾는 이유는 무엇일까요? 사람들은 자신이 듣고 싶은 이야기를 들었을 때 속이 뻥 뚫리는 듯한 쾌감을 느낍니다. 한마디로 '답정너(듣고 싶은 대답이 이미 정해져 있는 사람)'인 셈이죠. 자기가 원하는 답을 들으면 안도감을 느끼지만, 생각했던 것과 다른 이야기를 듣게 되면 또 다른 곳을 찾아 나서기도 합니다. 점이나 타로를 통해 듣고 싶은 말을 들어야 위로나 안정감을 느낄 수 있기 때문입니다.

따라서 점이나 타로를 통해 미래를 예측하기보다는 마음의 위안을 얻는 정도로 활용하는 게 훨씬 이로울 것 같습니다. 무속인의 말이나 타로 결과를 무작정 받아들이기보다 내 미래는 나의 행동력에 달려있다는 데 믿음을 실어보면 좋겠습니다.

남의 시선이
신경 쓰인다면

나를 인정하지 않는 나

　가은은 대학원 논문 발표를 앞두고 굉장한 압박감에 시달렸습니다. 잘하고 싶은 마음에 누구보다 더 치열하고 철저하게 준비했죠. 실수하지 않으려고 수십 번 시뮬레이션을 했습니다. 하지만 실전에선 준비한 것의 10분의 1도 발휘하지 못했죠. 과도한 긴장으로 염소같이 떨리는 목소리와 터질 듯 붉어진 얼굴을 감출 수 없었습니다. 결국 애써 연습하고 준비했던 발표는 대실패로 끝났습니다.

　가은은 발표 내내 준비한 내용을 잘 전달해야겠다는 생각보다는 '사람들이 나를 어떻게 생각할까'에만 몰두했습니다. 당연히 발표에 집중할 수 없었고, 결국 모든 걸 망쳤다는 생각에 자책했습니다. 청중의 눈치를 살피느라 도무지 발표에 집중할 수 없었던 자신이 너무 한심하게 느껴졌습니다. 좋지 않은 결과에 자신감마저 잃게 됐고, 타인의 반응을 더욱 신경 쓰게 됐습니다.

많은 사람 앞에서 유창하게 말한다는 것은 결코 쉬운 일이 아닙니다. 특히 내성적일수록 남들 앞에 서는 걸 부담스러워할 것으로 생각하죠. 하지만 단순히 내성적인 성격 탓이라고 할 수만은 없습니다. 실제 성격은 내성적이지만 무대 위에선 누구보다 화려하게 춤추고 노래하는 아이돌도 있고, 내성적이지만 수많은 청중 앞에서 당당한 모습으로 강의하는 분들도 많거든요.

만약 사람들 앞에 서는 것이 극도로 꺼려지고 두렵다면 타인의 시선을 지나치게 신경 쓰고 있지 않은지 점검해보세요. 남의 시선을 지나치게 신경 쓴다는 것은 낮은 자존감과 연결된 경우가 많습니다.

자존감이란 나의 가치를 있는 그대로 인정하고 존중하는 마음

몸은 자랐지만 마음은 자라지 못한 어른이

입니다. 자존감이 낮은 사람은 스스로가 자신을 인정하고 존중하지 않기 때문에 타인도 나를 인정하고 존중하지 않을 것이라는 생각이 뿌리 깊게 박혀 있습니다. 그래서 남들 앞에서 말하는 것 자체가 어렵다기보다는 그들이 나를 어떻게 생각할지에 초점이 맞춰져 있습니다. 자존감이 낮은 사람은 자존감이 높은 사람에 비해 타인의 반응이나 외부의 자극에 더욱 민감하게 반응하기 때문이죠.

자존감은 내 삶의 축

SNS 중독자인 유림은 어느 날 갑자기 SNS를 끊겠다고 다짐했습니다. SNS를 보고 있으면 자기만 빼고 다 행복하게 사는 것처럼 보여서 차라리 보지 않기로 마음먹은 거죠. 하지만 유림은 누구와 비교하지 않아도 충분히 멋진 삶을 살고 있었습니다. 탄탄한 회사에서 인정받으며 일했고, 쉬는 날엔 취미를 즐기거나 여행을 다닙니다. 한마디로 그녀는 능력 있는 여자였습니다. 하지만 자존감이 낮아서 늘 자신보다 더 나은 사람들을 찾아내 끊임없이 비교하며 괴로움을 자처합니다.

　자존감은 나의 선택, 표현, 사고, 인간관계 등 내 인생 전반에 영향을 미칩니다. 특히 낮은 자존감은 일상 곳곳에 끼어들어 부정적인 영향을 행사하죠. 이를 극복하지 않으면 매번 같은 결과가 반복되고, 부정적 결과를 반복해서 경험하면 또다시 자존감을 낮추는 악순환으로 이어지기도 합니다.

　자존감이 낮은 사람은 특히 예민합니다. 자신도 모르게 짜증이 나고, 내 외모나 성격이 마음에 안 들고, 끊임없이 나를 부정적으로 평가합니다. 본인뿐만 아니라 타인에게도 예민하게 반응하죠. 상대가 별 뜻 없이 한 말에 의미를 부여하고, 대수롭지 않은 일도 큰 사건으로 받아들여 상처받기도 합니다. 이러한 일상의 반복은 자기 삶을 뒤흔들고 예민함을 가중합니다. 실제로 누군가의 공격을 받거나 상처를 경험하기라도 하면 쉽게 벗어나지 못하고 오랫동안 괴로워하죠.

　그렇다면 자존감이 높은 사람은 타인을 신경 쓰지 않거나 상처받지 않을까요? 자존감이 높은 사람도 상처받을 일, 괴로운 일투성입니다. 타인의 시선을 전혀 의식하지 않는 것도 아닙니다. 다만 예민하게 굴지 않을 뿐이죠. 타인의 시선이 신경 쓰이지만, 그것을 대수롭지 않게 여기고 자신의 길을 가는 겁니다. 상처받고 괴로운 상황이 생겨도 스스로 비난하거나 비관적으로 생각하지 않습니다. 오히려 현실을 받아들이고 문제해결을 위해 적극적으로 노력합니다.

자존감을 쌓는 것은 마치 도미노 패를 세우는 것과 비슷합니다. 도미노는 작은 직사각형의 패를 하나하나 세워 전체 그림을 완성해야 합니다. 이걸 어느 세월에 쌓나 막막한 생각도 듭니다. 게다가 도미노 패는 한 번에 완벽하게 세우기도 힘듭니다. 중간중간 패가 쓰러지기도 하고, 완성 직전에 애써 세워놓았던 패가 모두 쓰러져 물거품이 되기도 합니다. 자존감도 마찬가지입니다. 도미노 패처럼 이런저런 노력에도 무너지고 좌절을 반복하죠. 하지만 포기하지 않고 천천히 하나씩 쌓다 보면 도미노의 전체 그림을 완성하듯 나의 자존감도 완성할 수 있습니다. 그렇게 쌓인 자존감은 우리의 삶 이곳저곳에서 힘을 발휘할 것입니다.

내 안에
나도 모르는
내가 있다

고통을 피하고 싶어서

재원은 운전 중에 다른 차가 갑자기 끼어들기라도 하면 화를 참지 못하고 기어이 쫓아가 욕을 하거나 소리 지르며 화를 분출합니다. 그런 재원의 성격을 잘 아는 여자 친구는 늘 조마조마하고 불안합니다. 조곤조곤한 어투로 말려 보지만 소용이 없습니다. 본인의 심기를 불편하게 하면 반드시 되갚아야 직성이 풀리는 재원의 성격에 여자 친구뿐만 아니라 주변 사람들도 종종 당황하곤 합니다.

몸은 자랐지만 마음은 자라지 못한 어른이

어디선가 갑자기 공이 날아오거나, 누군가가 위협하면 우리는 본능적으로 몸을 움츠리며 방어 태세를 취하게 됩니다. 몸을 보호하기 위해 무의식적으로 움직이는 거죠. 인간의 심리와 감정도 마찬가지입니다. 도저히 받아들일 수 없는 감정이나 욕구, 상처 등이 자신을 괴롭히지 않도록 본능적인 방어 태세를 취하게 됩니다. 내 감정이 상처받거나 위협받는 상황에서 조금이라도 고통을 줄이려는 방법이죠.

사소한 일 때문에 감정이 폭발하거나, 자신도 이해할 수 없는 파괴적인 감정에 고통스러웠던 적이 있나요? 자신은 타인을 꿰뚫어 본다고 자신하면서 정작 누군가 자신을 꿰뚫어 본 듯 말하면 발끈했던 적은요? 상대방이 의미 없이 한 말을 곱씹으며 불쾌해하거나 누군가 나에 대해 이야기를 할 때면 계속 신경 쓰인 적은 없나요?

수치심, 시기와 질투, 참을 수 없는 분노 같은 부정적 감정이나 욕구는 스스로 인정하고 싶지 않을뿐더러 타인에게도 들키고 싶지 않습니다. 따라서 인간은 이런 감정과 욕구를 무의식적으로 억누르며 살아갑니다. 하지만 감당하기 힘든 고통이나 상황을 마주하면 자신을 보호하기 위해 억눌렀던 감정이 비집고 나와 심리적 방어로 나타납니다.

이런 심리적 방어가 건강하지 않은 방식으로 고착되면 심리적 불편함으로부터 자신을 보호하기 위해 현실을 정확히 인식하지 않으려 합니다. 또한 건강하지 않은 방어 태세가 습관화되어 성격으로 비치게 되고, 나아가 인간관계나 처세능력에 문제가 생기기도 합니다.

따라서 상대의 행동에 짜증이 치밀거나, 화가 나고, 미운 마음이 생긴다고 할지라도 그 감정을 무조건 '진짜 내 마음'으로 받아들일 필요는 없습니다. 불편한 마음을 보호하기 위한 심리적 방어가 발동해 사실을 왜곡해서 해석하고 있을지도 모르니까요.

좀 더 원만하고 만족스러운 삶을 살려면 건강하지 않은 방식으로 굳어진 심리적 방어가 자신에게 존재한다는 사실을 인지하고, 그것을 마주할 용기가 필요합니다.

몸은 자랐지만 마음은 자라지 못한 어른이

내 안에 숨은 어린아이

진주는 친구들이 항상 자신을 질투한다고 말합니다. 자신의 모든 것을 부러워하고 질투한 나머지 못마땅하게 여긴다고 생각했죠. 어느 날 진주가 산 명품가방을 보며 부러워하는 친구에게 '넌 왜 항상 나를 질투하니?'라며 쏘아붙였습니다. 진주의 친구는 단지 가방이 갖고 싶은데 본인은 살 수 없어서 부러운 마음을 표현했을 뿐인데, 진주가 자신을 질투한다며 몰아세운 것이죠. 이에 마음이 상한 친구는 진주와 크게 다퉜고, 결국 둘의 우정은 끝나 버렸습니다. 상대의 마음을 지레짐작하는 것을 넘어 본인 마음대로 왜곡하는 진주의 태도가 친구와의 관계에 부정적인 영향을 미치게 된 거죠.

어린 시절에는 미성숙한 방식의 심리적 방어를 사용합니다. 자라지 않은 신체만큼 자아도 미성숙하기 때문이죠. 하지만 성인이 되어서까지 미성숙한 방식을 버리지 못한다면 인간관계를 넘어 내 삶 전체에 큰 영향을 미치게 됩니다.

진주 또한 '친구가 자신을 질투한다'라는 미성숙한 심리적 방어가 발동한 것일지도 모릅니다. 또한, 누구에게나 미성숙한 심리적 방어가 존재합니다. 하지만 그것을 알아차리지 못하고 살다 보면 관계나 삶에서 많은 불편함이 생깁니다. 내 삶의 질을 높이기 위해서는 내 안에 나도 모르는 어린아이가 있었음을 인정하고, 불편한 감정과 상처를 성숙한 방식으로 풀어가는 법을 배워야 합니다. 하지만 무의식의 영역이기에 스스로 알아차리거나 인지하기가 쉽지 않습니다.

만약 일상에서 타인과의 관계나 대화가 불편하거나 누군가의 사소한 말 한마디가 자꾸 마음에 걸리고 불편함이 지속된다면 내 안에 아직 어린아이가 있을지도 모른다는 사실을 인지해보세요. 그리고 유심히 나의 반응을 관찰해보는 겁니다. 나는 무엇에 민감하게 반응하며, 그것이 내게 어떤 감정과 고통을 주는지 알아차리는 과정이 필요합니다. 이후에는 그동안 나는 어떤 방식으로 방어하고 대응해 왔는지를 생각해봐야 합니다. 단순히 내 안에 있는 어린아이의 심리적 방어를 알아차리고 인정하는 것만으로도 나의 태도나 처세방식을 변화시킬 수 있습니다.

완벽주의자는
절대
완벽할 수 없다

자신을 믿지 못하는 완벽주의자

완벽주의자인 지향은 글 쓰는 작가입니다. 그녀는 책을 쓸 때 남들보다 두 배 이상의 에너지를 쏟아내야 직성이 풀립니다. 그녀는 모든 일에서 최고가 되길 바랐고, 항상 남들보다 뛰어난 결과를 내기 위해 애썼습니다. 하지만 자기 결과물에 늘 불만이 많았습니다. 주변 사람이 봤을 때는 충분히 훌륭한 결과물인데도 스스로 완벽하지 않다고 생각했죠. 그녀는 늘 자신이 부족하다고 느끼고 그것을 채우기 위해 더 노력해야 한다고 자신을 다그

쳤습니다.

　지향은 완벽주의자인데 완벽하지 못합니다. 아이러니합니다. 그녀는 자기에게 자신이 없었고, 자신의 노력에 믿음이 없었습니다. 완벽한 성과물을 위해 자신의 능력치 이상을 끌어올려 집중하면서도 늘 의심하고 반추합니다. 또한 어떤 노력의 결과가 긍정적일 것이라는 기대보다는 부정적일 것을 미리 염려하며 불안해했습니다. 그 불안감을 없애기 위해 더욱 꼼꼼하고 체계적으로 일했지만 늘 결과에 만족하지 못했죠. 더 잘할 수 있었는데 그러지 못한 자신을 자책하기 일쑤입니다. 그녀는 어떤 일이 주어질 때마다 과한 스트레스와 불안감에 밤잠을 설쳐야 했고, 결과가 나온 후에도 잘한 일보다는 못한 일을 곱씹으며 자신을 괴롭힙니다.

완벽주의자가 완벽해지는 건 불가능하다

　완벽주의자는 사실 완벽해지기 어렵습니다. 그 이유는 과하게 높은 성취 수준을 스스로가 요구할 뿐만 아니라, 좋은 결과가 있어도 늘 부족하다고 생각하기 때문입니다. 결국 완벽주의자의 모든 결과물은 실패로 돌아갈 것입니다. 적어도 그들의 입장에서는 말이죠.

완벽주의자는 어떤 일을 완벽하게 해냄으로써 타인에게 인정받으려고 합니다. 또한 결과물을 두고 타인의 평가에 지나치게 신경 쓰기도 합니다. 타인의 칭찬보다는 작은 꾸중에 더욱 귀 기울이는 것이 완벽주의자입니다. 하지만 사람이 하는 일이 모두 완벽할 수는 없습니다. 그런데도 완벽주의자는 끊임없이 완벽함을 추구합니다. 작은 실수라도 하게 되면 자신이 완벽하지 않다는 사실에 괴로워하죠.

완벽주의자들은 업무 수행 능력이 부족하다기보다는 부정적인 결과에만 신경을 씁니다. 좋은 결과가 나왔음에도 작은 실수가 발견되면 이를 용납하지 못하고 괴로워합니다. 결국 그들은 모든 일에 완벽함을 추구하지만 절대로 완벽한 결과물을 만들 수는 없습니다. 결과물에 만족하지 못하고 기어이 단점을 찾아내려는 태도 때문이죠.

완벽한 결과가 아닌 과정에 집중하자

완벽주의자는 일을 수행하기 전에 완벽하게 계획을 세우고 그 계획을 체계적으로 수행합니다. 하지만 모든 일이 그렇듯 100퍼센트의 노력에도 늘 100퍼센트의 결과가 따라오지는 않습니다. 완벽주의자는 완벽한 결과가 나오지 않으면 과정 또한 부족했다고 여깁니다.

행복한 완벽주의자가 되기 위해서는 완벽한 결과를 추구하되, 결과로 가는 과정을 인정하는 습관이 필요합니다. 결과가 완벽하지 않았다고 해서 과정이 소홀했던 것은 아님을 받아들이면 한결 마음이 편해집니다. 아무리 과정이 완벽해도 결과는 내 마음처럼 항상 완벽할 수 없습니다. 따라서 완벽한 결과가 있기를 바라는 마음으로 과정에 충실했음을 인정하고 결과에만 집착하지 않도록 해야 합니다.

완벽주의자가 아닌 만족주의자가 되자

사실 완벽주의자는 완벽함을 추구하는 성향 덕분에 다른 사람들보다 훨씬 많은 것을 성취했고, 더 나은 성과물을 창출했을 겁니다. 그럼에도 완벽함을 추구하는 성향 때문에 실패감과 좌절감을 반복해서 경험하게 되죠.

완벽주의자에게 만족감을 주는 것은 '완벽을 추구하는 성향'이 아닌 '만족을 추구하는 성향'입니다. 100퍼센트의 만족스러운 결과가 나오면 더할 나위 없이 좋겠지만 그렇지 않더라도 만족할 수 있어야 합니다. 완벽한 결과를 바라며 최선을 다해 준비하되 결과가 미흡하더라도 자책하지 않는 것이 좋습니다. 결과보다는 최선을 다한 자신의 노력을 믿고 결과에 만족하는 습관을 반복하다 보면 조금씩 마음이 편안해질 수 있습니다.

워커홀릭의 함정에
빠진
사람들

일이 제일 중요하지!

　재훈은 일에 미쳐 있다고 해도 과언이 아닙니다. 데이트, 친구와의 만남, 가족과의 모임 등 어떤 상황에서도 그의 노트북은 그와 한 몸처럼 붙어 다닙니다. 재훈은 잠깐의 휴식도 없이 일에 몰두했고, 모처럼 친구들과 시간을 보낼 때도 머릿속은 온통 일 생각뿐이었습니다. 사랑하는 사람들과 보내는 시간보다 일하는 시간을 더욱 중요하게 생각했죠.

　명절, 휴일 등 긴 시간이 주어질 때면 또 어떤 일을 할지 미리

　　　　　　　몸은 자랐지만 마음은 자라지 못한 어른이

고민하고 계획했습니다. 해야 할 일을 다 끝내고 할 일이 없어지면 또 다른 일을 만들어야 직성이 풀리고, 일하지 않으면 에너지가 사라지는 것 같았습니다. 그는 일할 때 가장 행복하다고 느꼈지만, 사실 재훈의 몸은 점점 지쳐가고 있었습니다. 매일 불면증에 시달렸고, 늘 마음이 불안하고 초조했죠. 깊은 잠을 못 자니 일하는 데 체력적 한계를 겪게 되고, 마음처럼 몸이 따라주지 않으면 더욱 스트레스에 시달렸습니다.

그는 본인 직업이 안정적이지 않아서 더 열심히 일을 찾아내지 않으면 쥐도 새도 모르게 이 바닥에서 사라질 거라고 입버릇처럼 말합니다.

재훈의 말이 결코 틀린 건 아닙니다. 열심히 일해야 안정적인 커리어를 쌓을 수 있고, 결국엔 만족스러운 삶을 살게 되겠죠. 하지만 열심히 일하려면 반드시 건강한 몸과 마음이 따라줘야 합니다. 몸과 마음이 지쳐서 아무것도 할 수 없는 에너지 고갈 상태가 된다면 그 어떤 일도 제대로 해내지 못할 테니까요.

여유가 있어야 일도 잘할 수 있다

많은 사람이 자신도 모르게 워커홀릭, 즉 일중독에 빠져 살아 갑니다. 무리하고 있다는 사실을 눈치채지 못하기도 하고, 눈치채더라도 쉽게 일을 놓지 못하는 딜레마에 빠지기도 하죠. 또한 우리 사회는 자기 일에 매진하는 성취 지향적인 사람들을 칭찬합니다. 이런 분위기 때문에 더러는 워커홀릭을 지향하기도 하죠. 어떤 목표 의식을 가지고 그것을 성취하기 위해 노력하는 것은 내 삶의 만족도와 자존감 고취에 좋은 영향을 미칩니다. 하지만 과한 워커홀릭이라면 얘기는 달라집니다.

과한 성취욕은 경쟁심으로 연결되기도 합니다. 성취욕과 경쟁심으로 이뤄낸 결과는 자신의 가치와 자존감을 확인하는 수단이 되고, 자신의 가치와 자존감을 지키기 위해 더욱 일에 몰두하게 되겠죠. 이는 일에 대한 집착과 강박으로 발전하여 일중독에서 빠져나오기 힘든 상황으로 자신을 몰아가게 됩니다.

일중독에 빠지면 일하지 않는 자기 모습은 가치가 없고 한심해 보이기까지 합니다. 그렇게 자신의 가치를 인정받고 확인하기 위해 너무 일에만 몰두한 나머지 점점 몸과 마음의 건강을 잃게 되고, 나아가 대인 관계에도 문제가 발생합니다. 또 이런 상황

몸은 자랐지만 마음은 자라지 못한 어른이

이 되면 더욱 자신의 가치를 높이기 위해 일에 집중하게 되는 악순환에 빠지기도 합니다.

개인의 발전과 가치를 인정받는 데 있어 일은 중요합니다. 하지만 무엇이든 과유불급입니다. 더 나은 성장과 발전을 위해서는 잠시 모든 걸 내려놓고 나 자신과 주변을 돌아보는 여유가 필요합니다. 단순히 눈앞의 일이나 성과에 집착하다 보면 행복보다는 망가진 몸과 마음만 남아 있을지도 모르기 때문이죠. 좀 더 장기적인 관점에서 성장과 발전을 위해 노력해야 합니다.

아무리 좋은 자동차라도 쉬지 않고 과속해서 달리면 결국엔 엔진이 멈추고, 더는 달리지 못하는 상황이 됩니다. 우리의 일도 마찬가지겠죠. 몸과 마음이 지치면 아무리 원해도 일을 못 하는 순간이 찾아옵니다. 지금보다 더 발전하고 성장하고 싶다면 해야 할 일을 마무리한 다음에는 짧은 휴식이나 여행을 통해 몸과 마음에 쉬는 시간을 주는 것이 필요합니다.

부정적 감정으로부터
자유로워지고
싶다면

참는게능사가아니다

영필은 감정을 참는 게 습관인 사람입니다. 특히 부정적 감정은 남에게 드러내지 않으려고 애씁니다. 부정적 감정을 잘 다스리는 것이 현명한 것이라 믿으며 자신의 감정을 꾹꾹 누르며 살아가지만 그렇게 눌러뒀던 감정은 아주 사소한 일로 터져버리곤 했습니다. 상대의 작은 말장난에도 크게 분노하며 주위 사람들을 당혹스럽게 만들었던 거죠. 그런 영필의 모습을 본 사람들은 '속을 알 수 없는 사람'이라 생각했고, 언제 또 터질지 모르는 시한폭탄 같아 늘 조심스러워합니다.

부정적인 감정을 참는 게 미덕이라 여기고 무조건 참고 억누르는 사람들이 있습니다. 하지만 감정을 마냥 억누르기만 하면 언젠가는 탈이 납니다. 감정은 억지로 누른다고 해서 사라지는 것이 아니기 때문이죠. 억지로 누르거나 외면했던 감정은 마음 속 깊은 곳에 숨어 있다가 기회가 되면 어떤 방식으로든 터지기 마련입니다.

사람이 음식을 먹으면 소화기관을 거쳐 분해되고 흡수됩니다. 소화되고 남은 찌꺼기는 몸 밖으로 배출되죠. 우리의 감정도 마찬가지입니다. 마음 안에서 잘 분해되고, 흡수되고, 소화하는 과정을 거쳐야 합니다. 음식이 제대로 소화되지 않으면 변비가 생기거나 위장병에 걸리듯 우리의 감정도 제대로 배출되지 못하면 안에서 탈이 납니다.

다 네 탓이야!

정환은 여자 친구와 다툴 때마다 스스로 화를 다스리지 못했습니다. 여자 친구의 말 한마디 한마디, 행동 하나하나를 꼬투리 삼아 화를 냈죠. '왜 그렇게 말을 하느냐, 왜 그렇게 행동하느냐, 왜 자꾸 나를 열받게 만드느냐'며 그녀를 몰아세웠습니다.

하지만 그녀는 오히려 정환의 말과 행동을 지적합니다. 다툼이 생길 때마다 상대방 탓만 하며 몰아세우는 정환과 아무리 대화를 시도해 봐도 정환은 들을 생각조차 하지 않았습니다. 결국 둘은 서로를 이해하지 못한 채 매번 비슷한 방식으로 다투다가 이별을 맞이하게 됩니다.

상대방의 말과 행동, 태도가 나의 화를 돋울 때가 있습니다. 도무지 이해할 수 없는 타인의 행동을 보고 있으면 자신도 모르게 감정이 요동칩니다. 하지만 잘 생각해보세요. 상대방의 같은 말, 같은 행동, 같은 태도에도 어떤 날은 화를 냈다가 또 어떤 날은 넓은 마음으로 이해했던 적이 있을 겁니다. 즉 우리에게 생긴 감정은 상대로부터 비롯된 게 아닙니다. 상대방이 내 감정을 자극하는 말과 행동을 했을지라도 그 감정의 주체는 '나'입니다. 부정적 감정으로부터 자유로워지고 싶다면 나의 감정의 근원을 상대에게서 찾을 것이 아니라 그 감정은 나에게서 왔음을 인정해야 합니다. 덮어놓고 상대방 탓부터 하다 보면 오히려 화를 키우게 됩니다.

엉킨 감정의 실타래를 푸는 법

부정적 감정은 예기치 않게 나타나서 나를 불편하게 만듭니다. 하지만 그 감정을 어떻게 해결해야 할지 몰라 그대로 눌러버리기도 합니다. 불편한 감정으로부터 자유로워지려면 엉킨 감정의 실타래를 잘 풀어내는 연습이 필요합니다. 처음부터 부정적 감정이 생기지 않도록 하는 건 어렵습니다. 하지만 부정적 감정을 잘 풀어내는 것은 연습할 수 있습니다.

우선 부정적 감정이 올라올 때 감정을 자극한 상황 또는 감정 자체에 집중하기보다는 감정의 근원을 먼저 이해해야 합니다. 왜 이런 감정이 드는지, 나는 왜 이렇게 민감하게 반응하는지, 나는 보통 어떨 때 이런 감정이 드는지, 과거에 해소되지 않은 마음 속 응어리가 있는지 등을 고민해보는 거죠. 앞서 말했듯 우리의 감정은 결국 '나'로부터 온 것임을 인정하고, 내가 왜 민감한 것인지 고민해보는 것만으로도 부정적 감정을 해소하는 데 도움이 됩니다.

감정의 근원이 나임을 인정했다면 그 감정 자체를 직면하고 인정하는 연습도 필요합니다. 부정적 감정 자체가 나쁜 것은 아닙니다. 그런 감정을 알고도 단순히 억누르거나 건강하지 않은 방식으로 표출하는 것이 문제가 되죠. 따라서 부정적인 감정이라도 스스로 인정하고 용기 내서 직면하는 연습이 필요합니다. '지금 나는 화가 났구나. 나는 이런 상황에 민감하구나'처럼 감정 자체를 이해하는 연습을 해보세요.

감정을 인정하고 직면했다면 건강한 방법으로 표현하는 것도 중요합니다. 흔히 부정적 감정이 일었을 때, 그 감정을 마음에서 밀어내려고 '남 탓'부터 하는 경향이 있습니다. 하지만 상대를 탓하는 마음이 또 다른 불편한 감정을 유발할 수 있습니다. 이럴 땐 '너'가 아닌 '나'로 주체를 바꿔서 표현해보세요. '너 때문에 불편해'가 아니라 '나는 이런 점이 불편하다'로 감정의 주체를 나로 바꿔 표현하는 거죠. 이 연습을 하다 보면 부정적 감정을 좀 더 수월하게 소화할 수 있습니다.

Part2

성숙한 관계를 위한
연습

왜
나만 못 잡아먹어서
안달일까?

왜 매번 나만 갖고 그러는 걸까?

우리는 태어나서 죽을 때까지 다양한 사람들과 관계를 형성하고 유지하며 살아갑니다. 삶을 이루는 대부분이 인간관계라고 해도 과언이 아닙니다. 이처럼 우리의 일생인 인간관계가 어렵고 힘들게 느껴진다면 삶이 얼마나 고달플까요?

레스토랑에서 서빙 아르바이트를 하는 인경은 손님들에게 유독 불만이 많았습니다. 손님들이 자신에게만 불편한 감정을 드러내고 자신만 괴롭힌다고 생각했죠. 그러나 다른 직원들은 그렇게 생각하지 않았습니다. 같은 상황을 겪더라도 인경의 대응 방식이 그리 적절해 보이지 않았기 때문이죠. 불만을 표하는 고객을 대하는 방식을 조금만 바꾼다면 큰 문제로 이어지지 않을 거라는 사실을 인경만 모르는 듯했습니다.

사실 인경과 같이 일하는 동료들도 불만을 제기하는 손님들을 응대하곤 합니다. 그들 중엔 손님의 무례한 언행에 상처받고 눈물을 흘리는 사람도 있죠. 그런데도 인경은 까다로운 손님은 자신에게만 온다고 생각했습니다.

우리는 다양한 사람들을 만나게 되고, 내 마음 같지 않은 사람들로 인해 고통받으며 살아갑니다. 하지만 비슷한 패턴의 상황과 고통이 반복된다면 나의 대응 방식을 되돌아볼 필요가 있습니다. '왜 나한테만 진상들이 오는 걸까?'라고 생각하기보다는 그런 사람들을 대하는 나의 태도를 점검해봐야 하는 거죠. 어쩌면 나를 대하는 그들의 태도나 말투에 문제가 있는 것이 아니라 그들을 대하는 나의 대응 방식이 문제일 수도 있습니다. 같은 상황에서 어떤 사람은 의연하게 대처하는가 하면 또 어떤 사람은 민감하게 반응합니다. 즉, 상대의 태도보다는 나의 반응에 집중해 보세요.

나를 먼저 이해해야 관계가 변한다

평소 짧은 연애를 하기로 유명한 담이는 새로운 남자 친구 때문에 고민이 많습니다. 남자 친구가 담이를 멋대로 조종하려 하고, 일거수일투족 간섭하는 통에 고통스러웠죠. 남자 친구를 좋아하지만 그의 과한 간섭은 부담스럽고 답답했습니다. 담이는 남자 친구에게 과한 간섭은 삼가달라고 요청해봤지만, 남자 친구는 자신의 행동을 간섭이라고 생각하지 않았습니다. 오히려 담이의 나쁜 습관들을 일러준 것이라고 변명했죠. 결국 남자 친구를 이해할 수 없었던 담이는 답답함을 견디지 못하고 이별을 선택했습니다. 사실 담이가 이런 식으로 이별한 것은 처음이 아니었습니다. 이전의 남자 친구들과도 항상 비슷한 문제로 다투다가 헤어졌죠. 또 다른 만남이 시작돼도 늘 비슷한 불만과 상황에 부닥치고, 그것을 해결하지 못한 채 이별을 선택해왔습니다.

우리는 상대와의 관계가 힘들고 어려울 때마다 불평도 하고, 상대방을 이해해보려고 노력하기도 합니다. 하지만 다양한 노력에도 불구하고 해결은커녕 나를 더 힘들게 할 때가 있습니다. 담이의 연애 패턴처럼 어떤 노력에도 불구하고 큰 변화가 없다면 상대를 이해하려는 노력 이전에 나의 내면을 이해하는 노력이 먼저 수반되어야 합니다.

담이와 사귀었던 모든 남자 친구가 담이를 조종하려고 했던 건 아니었습니다. 다만 담이는 본인이 특정한 말이나 행동에 민감하게 반응한다는 사실을 알지 못했던 거죠. 인간은 누구나 무의식 속에 갇힌 고통이나 불편한 감정들이 있습니다. 평소엔 인식하지 못하고 살다가 상대방의 특정한 말이나 행동이 감정을 자극하면 나도 모르게 화를 내거나 짜증내기도 하죠.

따라서 상대가 나를 불편하게 한다는 틀에서 벗어나 나를 불편하게 하는 상대의 '말이나 행동'이 무엇인지 파악하는 것이 먼저입니다. 상대방을 이해하려는 노력에도 불구하고 큰 변화가 없다면 내 안에 숨겨진 내면의 소리를 한번 들어보세요. 불편한 관계를 풀 실마리는 그곳에 있을지도 모르니까요.

왜
그들은
내 마음 같지 않을까?

내 마음 같지 않은 관계

우리는 세상에 태어나 원하든 원치 않든 다양한 곳에 소속되고, 여러 사람과의 소통을 경험하며 살아갑니다. 말이 안 통하는 상사와 후배, 내 맘 같지 않은 남편과 아내, 늘 토라지는 연인, 항상 태클을 거는 친구 등 관계 속에서 불통을 경험하며 고통을 호소하기도 하고, 억지로 참기도 하며 사는 게 우리의 일상입니다. 인간에게 있어 관계와 소통은 떼려야 뗄 수 없죠. 누구나 좋은 관계를 원하지만 마음처럼 쉽지만은 않습니다. 평생을 타인과 관

성숙한 관계를 위한 연습

계를 맺으며 사는데도 내 마음과 통하는 상대를 만나는 게 무척 힘듭니다.

보고, 듣고, 경험한 것이 다르기에 생각도 다르다

어린 시절 지독한 가난을 경험한 재욱은 주변 사람들에게 늘 돈의 중요성을 강조합니다. 인생의 전부는 돈이며, 돈이 있어야 행복이 따라오니 무조건 돈을 많이 벌어야 한다고 말하죠. 하지만 세현은 재욱과 생각이 달랐습니다. 세현은 사업하는 부모님 밑에서 태어나 유복하게 자랐지만, 돈에 대해 굉장히 회의적이었습니다. 돈 때문에 사람도 잃고, 건강도 잃고, 결국 온 가족이 힘들어지는 경험을 해봤기 때문이었죠. 그래서 세현은 많은 돈을 벌기보다 적은 돈이라도 얼마나 잘 쓰느냐가 중요하다고 강조했습니다.

재욱은 그런 세현에게 인생의 쓴맛을 못 봐서 하는 말이라고 비꼬았습니다. 하지만 세현은 돈보다 소중한 것이 있다는 걸 몸소 체험했기 때문에 재욱의 말에 크게 동요하지 않았죠.

재욱과 세현의 말 중 무엇이 정답이라고 단정할 수 있을까요? 돈은 누구에게나 중요하고 필요한 것이지만 돈을 대하는 태도나 생각은 저마다 다릅니다. 각자 살아오면서 보고, 듣고, 경험한 것이 다르기 때문이죠. 돈에 대한 정답이 있기보다는 각자의 상황에서 최고의 선택을 하며 살아갈 뿐입니다.

살다 보면 정답이 뻔히 보이는데도 오답만 말하는 것 같은 상대방을 만날 때가 있습니다. 하지만 누군가에게 피해를 주거나, 도덕적 관념에서 벗어나지 않는다면 그 무엇도 오답으로 단정할 수는 없습니다. 각자의 경험에 비추어 더 현명한 선택을 하며 살아가는 것일 테니까요. 이 사실을 깨닫는다면 내 마음 같지 않은 상대의 말이나 행동도 이해할 수 있는 아량이 생길 겁니다. 나와 다른 경험을 한 사람이기에 나와 같은 생각을 가질 수 없음을 인정하고 받아들일 수 있는 거죠.

성숙한 관계를 위한 연습

다 그럴만한 이유나 사정이 있다

희선과 주율, 또 다른 친구들은 모처럼 만나 함께 식사하기로 했습니다. 하지만 모임 당일 희선이 연락도 없이 약속 장소에 늦게 나타나고 말았죠. 화가 잔뜩 난 주율은 희선에게 상한 감정을 마구 쏟아냈습니다. 희선이 연신 사과하며 늦은 이유를 말해보았지만, 주율은 희선이 변명만 늘어놓는다며 오히려 더 질책했습니다.

희선이 약속에 늦은 데는 이유가 있었습니다. 일찌감치 집에서 나왔지만 오는 도중 회사에서 급한 연락을 받았던 거죠. 일을 처리하고 부랴부랴 약속 장소로 가는 중에도 거래처에서 쉴 새 없이 전화가 왔습니다. 친구들에게 양해를 구할 틈도 없었던 겁니다. 이런 사정을 구구절절 말해보았지만 주율은 듣지 않았습니다. 희선의 사정에도 '다른 사람들은 시간이 남아돌아서 약속을 지키는 게 아니다'라며 주율은 더욱 강력하게 쏘아붙였죠. 주율의 태도에 희선도 화가 났습니다. 결국 참지 못하고 주율과 맞서 싸우는 지경이 되었죠. 둘의 다툼에 오랜만에 성사된 모임도 엉망이 되어버렸습니다.

'이해하자고 하면 이해 못 할 것이 없고, 이해하지 않으려 하면 이해할 수 있는 것이 없다'라는 말이 있습니다. 상대의 말과 행동이 이해되지 않을 때 '이유가 있겠지, 사정이 있겠지'라고 여기면 상처받을 일도, 싸울 일도, 관계가 틀어질 일도 줄어듭니다.

나 또한 피치 못할 사정으로 상대에게 상처 주거나 피해를 주는 일이 생길 수 있습니다. 그때 상대가 내 사정을 이해해 주지 않는다면 어떨까요? 더 나은 관계를 위해서는 타인의 행동이나 말에도 나름의 이유나 사정이 있음을 이해하고 인정해줄 수 있는 지혜가 필요합니다.

개인마다 가치관이 다르다

인생에서 가장 중요한 것은 무엇일까요? 꿈, 가족, 사랑, 돈, 건강, 친구, 공부, 일, 여행, 맛있는 음식 등 각자 추구하는 것도 가치관도 다를 것입니다. 개인이 추구하는 핵심 가치는 평생을 살아가는 데 큰 영향을 미치게 됩니다.

성숙한 관계를 위한 연습

예를 들어 결혼 예정이거나 결혼을 고민 중인 사람들은 '결혼 상대자의 조건'을 생각하기 마련입니다. 평생 함께 살 동반자이기에 상대가 갖췄으면 하는 각자의 바람이 있겠죠. 그렇다면 결혼 상대자의 조건으로 가장 적합한 것은 무엇일까요? 아마도 살아온 환경, 보고 듣고 경험한 것에 의해 형성된 가치관에 따라 정답이 달라질 것입니다. 어떤 사람은 지독한 가난을 경험하며 자라서 재력이 가장 중요한 조건일 수 있고, 어떤 사람은 건강을 잃고 힘들었던 적이 있어서 상대의 건강이 결혼 조건 1순위가 될 수 있겠죠.

　가치관은 자신을 포함한 어떤 집단, 대상, 사물, 세상 등에 대하여 가지는 태도나 관점 등을 말합니다. 가치관은 인간으로 태어나 다양한 삶을 경험하고, 배우고, 습득하며 채워지므로 각자 살아온 환경에 따라 다르게 정립됩니다. 각자의 가치관은 도덕적, 윤리적 범주를 넘어서지 않는 선에서 모두 존중받아야 합니다. 누가 옳고 누가 그른 게 아닌 서로의 가치관을 인정하고 존중해줄 때 진정한 관계가 형성될 수 있습니다.

유리멘탈을 극복해야
건강한 관계를 형성할 수 있다

자꾸 실수하는 내가 너무 싫어

나리는 회사에서 새로운 프로젝트의 책임자가 되었습니다. 아이템을 발굴하고 프레젠테이션까지 맡아 진행하게 됐죠. 하지만 결과적으로 나리의 프레젠테이션은 채택되지 못했습니다. 프레젠테이션에 문제가 있었던 게 아니라 다른 팀의 아이디어가 훨씬 좋았기 때문이었죠.

그러나 나리는 자기가 모든 걸 망쳤다고 생각했습니다. 팀원들이 열심히 지원해줬음에도 본인이 말을 더듬어서, 두서없이 말해서, 좀 더 설득력 있게 말하지 못해서 실패했다고 자책했죠.

그러나 팀원들은 그렇게 생각하지 않았습니다. 나리가 말하는 '실수'는 티도 안 날 만큼 미미해서 결과에 영향을 줄 정도가 아니었다고 생각했죠. 팀원들의 위로에도 나리는 끊임없이 자책하며 괴로워했습니다.

자신의 작은 실수를 그냥 넘기지 못하고 민감하게 반응하는 사람 중에는 '유리멘탈'이 많습니다. 정신력이 약해 유리처럼 쉽게 깨진다고 해서 유리멘탈이라고 하죠. 이런 사람들은 아주 작은 일에도 쉽게 상처받고, 아주 작은 충격에도 바로 무너집니다. 반대로 강철멘탈인 사람들은 어떤 상처나 외부 공격에도 민감하게 반응하지 않습니다.

살다 보면 누구나 크고 작은 실수를 합니다. 하지만 누구나 그 실수 때문에 자신을 책망하거나 부정하지는 않습니다. 물론 그 실수가 누군가에게 피해를 줄 수 있어서 또는 같은 실수를 반복하지 않으려고 스스로 채찍질하는 사람도 있습니다. 하지만 새살이 돋을 기회도 주지 않고 무조건 과하게 채찍질만 해대는 것은 좋은 방법이 아닙니다.

실수하더라도 그 자체를 과대 해석하거나 자신을 책망하며,

혐오하는 사람이 되지 않았으면 합니다. 실수를 개선하지 않고 반복하는 게 나쁜 것이지 실수하는 것 자체가 나쁜 것은 아니니까요. 자신의 실수를 곱씹으며 부정적인 생각만 반복하는 것도 큰 도움이 되지 않습니다. 잘 생각해보면 실수하지 않고 잘했던 일도 많았을 텐데 스스로 늘 실수만 저지르는 사람으로 일반화하고 있는 건 아닌지 되짚어봐야 합니다.

'생각지도 못한 실수를 했네. 다음부터는 이 부분에 좀 더 신경 써야겠다'와 같은 말로 위안하는 것도 유리멘탈을 극복하는 데 도움이 될 수 있습니다. 극단적인 자기 비하를 멈추고 실수를 줄이는 방법을 고민하는 데 시간을 쓰는 것이 훨씬 효과적이라는 걸 꼭 유념하면 좋겠습니다.

타인의 조언에도 쉽게 상처받는 유리멘탈

소유는 손톱을 물어뜯는 습관이 있습니다. 회사에서 일할 때도, 지하철을 기다릴 때도, 친구들과 수다 떨 때도 손톱을 물어뜯곤 하죠. 그런 소유를 본 한 친구가 '소유야, 손톱을 그렇게 물어

성숙한 관계를 위한 연습

뜯으면 상처 나서 세균에 감염될 수도 있어. 손톱 물어뜯는 대신 이걸 먹어 봐'라고 말하며 사탕을 건넸습니다. 친구로선 소유가 걱정돼서 한 말이었지만 그 말을 들은 소유는 몹시 불쾌해했습니다. 친구가 자신의 단점을 지적하고 공격하는 것처럼 느껴졌기 때문이었죠.

유리멘탈의 소유자는 상대가 진심으로 한 조언도 민감하게 받아들이거나 자신을 향한 공격으로 느끼기도 합니다. 자기에 대한 자신감이 없어서 불쾌함이나 수치심이 먼저 반응하는 거죠. 이런 마음가짐은 결국 유리멘탈에서 벗어나지 못하는 악순환으로 이어집니다. 또한 불편한 말을 한 상대가 고깝게 느껴져서 관계가 멀어지기도 하죠.

누군가가 나를 위해 조언이나 충고를 아끼지 않는다면 그 사람에게 감사하는 마음을 가져야 합니다. 악감정이 있는 게 아니고서야 쓴소리하는 걸 좋아하는 사람은 없습니다. 상대방도 몇 번 고민하고 망설이다가 용기 있게 꺼낸 말일 수도 있습니다. 그러니 상대방의 조언이나 충고는 나를 아끼는 마음에서 비롯된 것으로 이해하고 받아들이는 게 낫습니다.

태도의 품격이
관계의 품격을 좌우한다

비판적 태도는 관계나 소통의 의지를 꺾는다

사랑이는 요리에 재능이 없습니다. 그럼에도 남자 친구를 위해 열심히 도시락을 만들었죠. 다소 볼품없는 모양과 맛이었지만 정성을 생각해서라도 남자 친구가 기뻐해 주길 바랐습니다. 하지만 그녀에게 돌아온 것은 돌직구(상대방의 입장을 고려하지 않은 채 직설적인 말을 던짐)였습니다. '맛이 없다, 소스가 부족하다, 모양이 별로다' 등 사랑이의 노력과 정성을 무시하는 듯한 비판만 쏟아냈죠. 그런 남자 친구의 태도에 사랑이는 크게 실망하고 상처받았습니다. 결국 그날 이후 도시락이라는 단어만 들어도 기분이 불쾌했죠.

　상대의 말이나 행동을 비판부터 하는 사람들이 있습니다. 이런 사람들의 특징은 현상이나 문제에 집중한다는 것입니다. 상대의 마음을 읽는 것보다 현상이나 문제를 분석하고 해결하는 것에 초점을 두다 보니 본의 아니게 상대의 의지를 꺾는 말이나 행동을 하게 되는 거죠. 비록 맞는 말일지라도 비판적인 이야기만 계속 듣게 되면 상대로선 소통하고 싶은 마음이 사라집니다. 결국 입을 다물고 대화를 단절하죠.

　혹시 습관적으로 상대를 비판하지는 않는지 스스로 돌아보면 좋겠습니다. 상대의 말이나 행동이 내 관점에서 틀리거나 잘못되었을지라도 우선 비판하기보다는 상대의 말을 인정하고 수용하는 자세를 먼저 취하는 연습이 필요합니다. 비판적인 태도는 상대에게 무력감을 주지만, 인정하고 수용하는 태도는 상대와 더욱 깊은 관계로 나아가는데 중요한 밑거름이 될 수 있습니다.

수동적이고 소극적인 태도는 답답함을 유발한다

매사에 수동적이고 소극적인 희철은 친구들과 여행을 가기로 했습니다. 친구들은 잔뜩 들떠서 언제 어디로 갈지, 무엇을 먹을지, 뭘 하고 놀지 신나게 떠들어댔지만 희철은 입을 꾹 다문 채 지켜만 봤습니다. 그런 희철에게 친구들이 의견을 내보라고 하면 희철은 '아무거나, 아무 때나, 아무 곳이나'라고 대답했습니다. 친구들은 희철의 속마음을 궁금해했지만, 희철은 '다 괜찮다'라는 말만 앵무새처럼 반복했죠. 희철의 반응에 화기애애했던 분위기는 점점 가라앉았습니다.

희철은 친구들을 배려해서 의견을 내지 않은 것이지만 친구들 생각은 달랐습니다. 함께 하는 여행이니 서로 의견을 주고받으며 계획하고 싶은데 희철은 별로 관심이 없거나 책임을 회피하고 싶은 것처럼 보였기 때문이죠.

수동적이거나 소극적인 태도로 상대를 답답하게 만드는 사람들이 있습니다. 수동적·소극적인 태도를 보이는 사람은 자기 의견을 피력하는 걸 불편해합니다. 그들은 나름대로 상대를 배려해서 하는 행동입니다. 하지만 그런 행동이 오해의 소지가 되기도 합니다. 또한 그런 태도가 상대와의 관계나 소통의 의지를 무너뜨리기도 합니다. 진정으로 상대를 존중한다면 자신의 의견을 정확하게 표현하는 것도 필요합니다.

상대를 배려한 모호한 태도가 오히려 답답함을 유발할 뿐 아니라 무책임한 사람으로 낙인찍히기도 합니다. 특히 업무 현장에서 수동적·소극적 태도는 능력까지도 의심받을 수 있습니다. 의견 충돌을 피하고 다수의 의견을 따르려고 했던 것이 오히려 부정적인 결과를 낳은 격이죠. 자신의 의견을 충분히 표현하는 것 또한 상대를 배려하고 존중하는 방법의 하나입니다. 구구절절 자기주장을 하는 게 어렵다면 간단명료하게라도 의견을 말하는 연습을 해보세요.

강압적인 태도는 관계를 위축시킨다

결혼 생활 3년 차인 종혁은 결혼 예찬론자입니다. 미혼인 친구들을 만날 때마다, 꼭 결혼하라며 강요(?)하기도 하죠. 하지만 해성은 종혁과 생각이 다릅니다. 각자의 가치관대로 할 사람은 하고, 안 할 사람은 안 해도 된다는 생각이죠. 여느 때와 마찬가지로 종혁의 결혼 예찬론을 듣던 해성은 마음이 불편했습니다. 종혁이 자기만의 신념을 강요한다고 느꼈던 거죠. 그래서 해성은 종혁에게 결혼에 대한 자신의 가치관을 말했습니다. 그러자 종혁은 열변을 토하며 결혼의 중요성부터 시작해 결혼하지 않는 해성이 이상한 사람이라는 말까지 해버렸습니다. 상대의 의견은 무시한 채 자신의 의견만 강요하는 종혁의 태도에 더욱 불쾌해진 해성은 어느 순간부터 종혁을 멀리하게 됐습니다.

자신의 가치관이나 신념이 뚜렷해서 타인에게도 똑같은 가치관을 주입하려는 사람이 있습니다. 상대의 의견은 듣지도 않고 무조건 자기 말이 옳다는 태도를 보이기도 하죠. 이런 행동은 상대에게 도움을 주려는 의도일지라도 막상 상대는 존중받지 못한다고 느끼거나 말이 통하지 않는다고 생각할 수 있습니다. 자기 의사를 뚜렷하게 주장하는 것이 때로는 명쾌한 소통에 도움이 되지만 매사에 강압적인 태도라면 관계를 위축시키는 역할을 하기도 합니다.

아무리 의도가 좋다 한들 상대가 그걸 인지하지 못하면 오히려 역효과를 초래하겠죠. 상대를 진정으로 위하고 도움을 주고 싶다면 자신의 의견을 강요하기보다는 상대의 이야기를 들어주는 것부터 먼저 해보세요. 누구나 그렇듯 자신의 이야기를 경청해주고 공감해주는 사람에게 호감을 느끼기 마련이니까요.

시기할수록
외로워진다

나보다 잘 나가는 사람을 보면 배가 아프다

상희는 자신의 화려한 삶이나 외모를 SNS에 공유하며 사람들과 소통하는 것이 삶의 낙입니다. 하지만 그녀도 SNS가 마냥 즐겁지만은 않을 때가 있습니다. 바로 자신보다 나은 삶을 사는 사람들을 볼 때입니다. 자신보다 행복해 보이는 사람이 나타나면 시기하여 팔로우를 끊기도 하죠. 또한 자신보다 예쁘고 인기 많은 친구를 보면 시기심과 열등감에 사로잡혀 빈정대는 행동을 보이기도 했습니다. 그런 상희의 태도에 마음 상한 친구들은 그녀를 점점 멀리하게 됐죠. 상희는 자신보다 더 나은 사람들과 자

성숙한 관계를 위한 연습

신을 끊임없이 비교하며 스스로 열등감을 키우고 있었습니다.

소위 '잘나가는 사람'들을 보면서 누구나 한 번쯤 부러움의 감정을 느껴보았을 겁니다. 내가 갖지 못한 능력이나 경제력, 외모, 인맥, 스펙 등을 부러워하는 건 매우 자연스러운 현상입니다. 하지만 부러운 마음이 미움이나 증오가 담긴 시기심으로 변질되는 것은 좋은 신호가 아닙니다. 타인을 시기하는 마음은 상대와의 관계를 단절시킬 뿐만 아니라 자신의 마음도 병들게 만듭니다.

시기심이 지나치면 상대방과의 관계에 빨간불이 켜지거나 자신의 마음도 부정적인 생각에 지배당하게 됩니다. 시기하는 상대와 끊임없이 비교하게 되고, 시기 대상을 미워하는 자기 모습도 못나 보여서 고통스럽습니다. 또한 시기심으로 사람들과 인연을 끊거나 멀리하면 결국 외로워지는 건 자기 자신입니다.

네가 없어졌으면 좋겠어

승연의 꿈은 세계무대를 누비는 피아니스트였습니다. 꿈을 이루기 위해 피나게 연습했고, 음대에 진학하기 전까지 모든 콩쿠르에서 1등을 놓치지 않았습니다. 그러나 대학에서 자신보다 뛰어난 지유를 만나게 됩니다. 승연과 지유는 똑같은 꿈을 가졌다는 공통사로 단짝이 됐습니다. 하지만 승연은 지유를 남몰래 질투하고 시기했습니다. 승연은 뼈를 깎는 심정으로 연습해도 실력이 크게 나아지지 않았던 반면, 지유는 설렁설렁 연습하는데도 실력은 일취월장했기 때문이었죠. 승연은 그런 지유를 점점 미워했습니다.

겉으로는 둘도 없는 친구인 척했지만, 지유에게 남자 친구가 생기면서 둘의 사이는 걷잡을 수 없이 멀어지기 시작했습니다. 지유의 남자 친구가 하필이면 승연이 오랫동안 짝사랑했던 선배였던 거죠. 승연의 질투는 극에 달했고 지유가 없어졌으면 좋겠다고 생각했습니다.

승연은 급기야 지유와 남자 친구 사이를 이간질 하고, 동기들에게 지유에 대한 유언비어를 퍼뜨렸습니다. 지유는 결국 남자 친구와 이별하고, 친구들에게도 따돌림을 당하게 됐습니다. 승연의 뜻대로 지유는 불행한 삶을 사는 듯했으나, 얼마 못 가 모든 게 승연의 농간이었다는 사실이 드러났습니다. 승연은 지유도, 다른 친구들도 잃은 채 결국 외톨이가 됐습니다.

상대를 시기하는 마음은 자신을 불편하게 만듭니다. 시기심에 눈이 멀어 상대방을 미워하는 자기 모습이 실망스럽고 한심하기도 하죠. 그럼에도 시기심을 통제하고 떨쳐내기가 어려워서 결국 승연처럼 돌이킬 수 없는 선택을 하고, 자기가 쏜 화살에 자기가 맞는 형국이 되기도 합니다.

시기심을 자신감으로 극복하기

타인을 향한 시기심은 상대와 끊임없이 비교하는 열등감에서 시작되기도 합니다. 타인이 나보다 잘난 게 죄는 아닌데, 이상하게 그 모습이 화가 나고 자신이 초라하게 느껴집니다.

가벼운 질투는 내가 성장하는 데 도움이 될 수 있습니다. 하지만 분노 섞인 시기심에 고통받고 있다면 자신감을 먼저 키우는 것이 필요합니다. 누군가와 비교하는 것을 멈추고, 내가 잘할 수 있거나 잘하고 싶은 분야를 발전시키는 겁니다. 자신의 장점을 찾아내서 조금씩 성장시키며 성취감과 자신감을 높이면 타인과 비교하는 습관을 줄일 수 있습니다.

시기심이라는 부정적인 에너지를 개인의 성장과 발전의 에너지로 전환하는 연습을 해봅시다. 똑똑한 지능을 남을 속이는 데 쓰면 사기꾼이 되고, 공부하는 데 쓰면 그 분야의 박사가 됩니다. 시기심도 마찬가지입니다. 내가 어떻게 활용하느냐에 따라 다른 결과를 가져올 것입니다.

성숙한 관계를 위한 연습

호의가 계속되면
권리인줄 안다?

호의로 한 일이 호의로 돌아오지는 않는다

주원은 주변 사람들에게 크고 작은 호의를 자주 베푸는 편입
니다. 하지만 자신의 호의를 알아주지 않거나 자신이 베푼 호의
가 호의로 돌아오지 않는 것 같아서 늘 속상했습니다. 상대가 알
아주지 않자 주원은 자신이 베푼 호의를 생색내기도 했습니다.
그러자 상대는 네가 좋아서 해놓고 왜 생색이냐며 오히려 화를
냈죠. 결국 주원은 남 좋은 일을 하고도 욕만 먹고 말았습니다.

주원의 사례처럼 모든 호의가 긍정적인 효과를 가져오진 않습

니다. 좋은 마음으로 베풀었던 호의나 친절을 상대가 당연하게 여기면 마음이 아프고 속상합니다. 대가를 바라고 한 일은 아니지만, 상대가 알아주지 않으면 서운해지는 것은 어쩔 수 없는 사람의 심리입니다. 하지만 이런 일이 반복되고 서운한 마음이 든다면 내가 베풀었던 호의에 대한 상대의 반응을 기대하지 않는 것이 좋습니다. 나의 호의가 나의 선택이었듯 그 호의에 어떻게 응답하는지는 상대의 선택이 될 테니까요.

때론 독이 되는 그 이름, 친절

경민은 누구에게나 친절합니다. 주변의 평판 또한 굉장히 좋죠. 좋은 평가 덕분(?)에 그녀는 원하지 않아도 늘 '친절한 사람'이라는 감투를 써야 했습니다. 결국 원치 않는 상황에도 친절한 모습을 유지하다 보니 심한 감정노동에 시달렸고, 그런 그녀를 사람들은 또 한 번 추켜세웠습니다. 그녀는 이제 '친절하게 살아야만 하는' 존재가 된 셈이죠.

성숙한 관계를 위한 연습

친절한 사람은 타인에게 호감을 주고, 관계도 잘 꾸려나갈 가능성이 큽니다. 하지만 지나친 친절은 서로에게 독이 될 수 있습니다. 어떤 일이든 항상 친절을 베풀면 상대는 그 상황을 당연시하는 역효과를 가져오기도 하죠. 늘 친절한 모습만 보여주니 상대는 그것이 그 사람의 평균적인 모습이라고 여깁니다. 결국 친절한 사람은 상대의 기대에 부응하고자 더 친절해지려고 노력할 것이고, 이는 심한 감정 소모로 이어질 것입니다.

또한 상대가 나를 함부로 대하는데도 꾸준히 호의를 베푸는 사람은 '호구'라는 인상을 심어줄 수 있습니다. 친절한 사람은 기본적으로 상대를 배려하고 존중하는 선의의 마음이 가득하지만 친절함이 아무 때나 힘을 발휘하지는 못합니다. 또한 항상 친절하던 사람이 어느 날 갑자기 부당함에 대해 말하거나 화를 내기라도 한다면 상대방은 그 사람이 평소 속내를 숨기는 음흉하고 이중적인 사람이라 생각하게 될지도 모릅니다.

거절은 상대와의 관계를 끊겠다는 것이 아니다

늘 친절한 사람은 상대의 요구를 쉽게 거절하지 못하기도 합니다. 어려운 요구인데도 거절하지 못해 억지로 일을 떠맡곤 하죠. 이 일을 거절하면 상대에게 인정받지 못할까 봐, 상대가 싫어할까 봐 두려운 마음에 쉽게 거절할 수가 없습니다. 자신의 진심은 억누른 채 계속해서 친절함을 고수하게 되고, 이는 불편한 마음으로 이어져 결국 자신을 괴롭히게 됩니다.

매번 상대의 요구를 들어주는 게 장기적으로 봤을 때 그리 좋은 방법은 아닙니다. 거절은 상대의 존재를 거부하는 것이 아니므로 들어줄 수 없는 요구는 건강한 방식으로 거절하는 것도 필요합니다. 또한 무조건 요구를 들어주려고 했다가 능력의 한계로 일을 그르쳤을 때 오히려 더 상대의 마음을 상하게 할 수도 있습니다. 그러니 애초에 거절하는 것에 대한 두려움을 버리는 게 좋습니다. 요구를 거절한다고 해서 상대가 당신을 미워하거나 당신의 존재를 거부할 것이라는 생각은 하지 않아도 됩니다. 적절한 거절은 오히려 상대와의 관계에 도움이 된다는 사실을 받아들이는 연습을 해보면 좋겠습니다.

착한 사람 중독에서 벗어나자

항상 호의를 베푸는 사람들은 남들이 나를 어떻게 평가할지 신경 쓰느라 자유롭게 말하거나 행동하지 못하기도 합니다. 하지만 과도하게 타인의 시선에만 몰입한다면 나의 존재, 내가 진정으로 원하는 것이 무엇인지는 점점 잃어버리게 됩니다.

상대와 건강한 관계를 이어 나가려면 나의 존재를 스스로 존중하고 내가 원하는 게 무엇인지 정확하게 인지하는 것이 무엇보다 중요합니다. 상대의 눈치만 살피고 상대의 욕구나 평가에만 신경 쓰다 보면 자신의 가치를 잃어가게 될지도 모릅니다. 좋은 사람, 착한 사람이 되는 것은 좋지만 모든 사람에게 좋은 사람, 착한 사람이 되려는 욕심은 버리는 게 좋습니다. 타인에게 인정받는 것이 개인의 행복에 큰 영향을 미치더라도 타인의 인정에만 의존하는 것은 옳지 않습니다.

장기적으로 건강하고 행복한 타인과의 관계를 위해서, 나아가 개인의 행복을 위해서 좋은 사람의 굴레, 착한 사람 중독에서 벗어나야 합니다.

성숙한 관계를 위한 미성숙함과의 이별

상처받았다고 복수할 권리가 생기는 것은 아니다

기범은 7년 동안 윤정을 짝사랑했습니다. 그녀가 해외 유학 중일 때도 한결같은 마음으로 그녀가 돌아오기만을 기다렸죠. 기범의 정성에 감동한 윤정은 그의 마음을 받아주고 연인 사이가 됩니다. 하지만 사랑도 잠시, 기범이 다른 여자와 만나는 것을 알게 된 윤정이 이별을 통보했고, 기범은 실수였다며 용서를 구했습니다. 하지만 윤정은 단호했습니다.

지난 7년간 윤정에게 한결같이 공을 들였음에도 단 한 번의 실수를 눈감아 주지 않는 윤정에게 배신감이 든 기범은 복수를 결심합니다. 다른 여자와 함께 보란 듯이 윤정 앞에 나타나는가 하면 윤정의 연애를 훼방 놓기도 했습니다. 윤정은 기범의 만행에 치가 떨렸지만 상대하고 싶지 않아 무시했습니다. 윤정의 반응에 더욱 화가 난 기범은 일부러 그녀의 회사 앞에서 그녀와 자신의 과거 이야기를 떠벌려 윤정을 난처하게 만들었습니다. 그렇게 한참 동안 윤정을 괴롭히던 기범은 복수에 매달리다가 오히려 자신의 생활이 피폐해져갈 때 즈음 복수를 멈출 수 있었습니다.

드라마 소재로도 많이 쓰이는 주제가 '복수'입니다. 복수는 상대에게 받은 상처를 되갚아주려고 온갖 수단을 동원해 보복하는 것을 말합니다. 하지만 보복에 성공해도 마음 한구석이 찝찝하고, 자신이 했던 복수가 오히려 화가 되어 돌아오기도 합니다. 지나친 복수심에 휩싸여 상대를 곤경에 빠뜨릴 궁리만 하다가 오히려 자기 삶이 피폐해지는 거죠.

살다 보면 상처받는 일도, 모욕당하는 일도 생기기 마련입니다. 그런 일이 생기면 화나는 마음을 주체할 수가 없어서 상대를 곤란하게 만들어 내 상처를 치유하려고 합니다. 하지만 그런 방식으로는 상처를 치유할 수 없습니다. 찰나의 쾌감만 느낄 뿐이죠. 또한 내가 상처받았다고 복수할 권리가 생기는 것도 아닙니다. 살면서 상처받은 사람들이 너도나도 복수를 결심하는 것도 아닙니다. 복수는 큰 의미가 없다는 것을 잘 알기 때문이죠.

　물론 부당한 일을 겪거나 모욕당했을 때 무조건 참는 것도 좋은 방법은 아닙니다. 무조건 참거나, 무조건 복수하는 방법 말고도 감정을 표현할 방법은 많습니다.

　상대에게 상처받거나 모욕당했다면 어떤 점이 나를 자극했는지 곰곰이 생각해보고, 마음과 감정을 정리해서 상대에게 솔직하게 표현해보세요. 화를 내거나 감정적으로 말하기보다는 본인이 경험한 상처와 모욕에 대해서만 담담하게 전달하는 겁니다. 조금씩 연습하다 보면 미성숙한 대응 방식에서 벗어나 좀 더 성숙한 방식으로 관계를 풀어나갈 수 있습니다.

과한 자기애는 상대에게 무력감을 준다

자기애가 넘치는 석관은 일찌감치 본인의 분야에서 나름대로 성공을 거두었습니다. 그는 친구들을 만날 때마다 본인이 걸어온 길에 대해 끊임없이 피력하며 긍정적 자극을 주려고 합니다. '나는 금수저도 아닌데 혼자 힘으로 여기까지 왔어. 사람들은 이런 나를 부러워하고 나처럼 되고 싶어 해'는 석관의 레퍼토리가 되었죠. 석관의 친구들도 처음 한두 번은 '내 친구 대단하다. 나도 노력해야겠다'라고 대답했지만 갈수록 심해지는 석관의 자화자찬에 점점 지쳐갔습니다. 자신의 우월함을 끊임없이 과시하는 석관을 보며 친구들은 무력감을 느꼈죠. 그래서일까요. 많은 사람이 석관 앞에서는 그의 성취를 칭찬하고 박수를 보냈지만 정작 그를 가까이하는 사람은 없었습니다. 석관을 진심으로 응원해주던 친구들도 하나둘 등을 돌리기 시작했죠.

적당한 자기애는 삶을 살아가는데 긍정적인 에너지를 줍니다. 하지만 지나친 자기애는 건강한 인간관계에 독이 되기도 합니다. 강한 자기애로 사람들의 관심과 추종을 끊임없이 바라고 그것에 심취해 살아가는 사람은 타인의 칭찬이나 관심에만 온 신경을 쏟기도 합니다. 그러다 보니 자신을 객관적으로 돌아보거나 성찰하는데 어려움이 발생합니다. 또한 상대에게 칭찬과 관심만을 요구하다 보면 주변 사람은 점점 지쳐갈 수밖에 없습니다. 과한 자기애는 결국 상대에게 무력감을 주고, 자신을 성찰할 기회도 스스로 저버리는 결과를 낳는 거죠.

성숙한 사람과 미성숙한 사람의 관계

승희는 친한 선배에게 업무에 대한 고민을 털어놓았습니다. 내심 격려의 말을 기대했는데, 선배는 승희의 잘못된 부분을 지적하며 좀 더 노력하라고 당부했죠. 선배의 충고를 들은 승희는 기분이 나빠졌습니다. 승희의 선배는 도움을 주려는 의도였지만, 승희는 말의 내용보다 자신을 지적했다는 사실에만 초점을 두고 선배를 못된 사람으로 치부해 버렸죠. 그날 이후 승희는 선배를 점점 멀리하다가 결국엔 인연을 끊어버렸습니다.

성숙한 관계를 유지하는 사람과 미성숙한 관계를 유지하는 사람의 차이는 어떤 상황이나 내용을 수용하는 방식에 있습니다. 성숙한 방식으로 관계를 맺는 사람은 상대가 자신을 위해 해준 말의 내용을 되짚어 보고 자신을 성찰하기 위해 노력합니다. 비록 상처 되는 말을 들었다 해도 자신을 위해서 해준 말이라는 사실을 깨닫고 받아들이게 되죠. 말 한마디에 당장 자신을 수정하지는 못하더라도 자신을 돌아보는 계기로 삼기도 합니다.

하지만 미성숙한 방식으로 관계를 맺는 사람은 상대의 의도를 왜곡하고 급기야 잘 유지해왔던 인연을 끊기까지 합니다. 상대가 본인에게 좋은 말만 해주기를 기대하는 것은 욕심일 수 있습니다. 오히려 좋은 말만 해주는 사람보다는 쓴소리하는 사람에게 고마운 마음을 가질 필요도 있습니다. 물론 늘 지적만 하고 나에게 부정적인 영향을 미치는 사람과의 인연은 억지로 끌고 갈 필요가 없으나, 나를 위해 조언을 아끼지 않는 사람에게까지 선을 그어서는 안 된다는 것이죠.

즉 상대의 태도나 말, 행동을 수용하고 이해하는 방식의 변화가 필요합니다. 아무리 듣기 싫은 말을 할지라도 무조건 부정적으로 이해하고 부정하는 습관은 어쩌면 나 자신을 돌아보고 성찰할 기회를 잃게 만드는 것일지도 모르니까요.

자신감으로 포장한 우월감,
우월감으로 위장한 열등감

다른 사람과 비교해 자신감을 채우는 사람들

금석은 자신의 분야에서 나름대로 성공을 거둔 능력자입니다. 그가 사업에 성공하고 처음 한 일은 자동차를 바꾸는 것이었습니다. 외제 차 중에서도 가장 비싼 차를 구입했죠. 이후로도 그는 다른 사람이 타고 다니는 차종에 관심을 가졌습니다. 특히 자신과 비슷하거나 자신보다 잘나가는 사람들이 어떤 자동차를 타고 다니는지 늘 궁금해했죠.

만약 자기보다 잘나가는 것처럼 보이는 사람이 적당한 가격의 국산 차를 타는 것을 알기라도 하면 자신의 차와 비교하며 엄청난 자신감을 내비쳤습니다. 금석에게 자동차는 부의 상징이자 성공의 표상이었으니까요.

국산 차를 탄다고 능력이나 재력이 없는 것은 아닌데 금석은 자동차를 기준으로 모든 걸 판단했습니다. 차를 기준으로 능력이나 재력을 비교하여 우위를 차지했다는 생각이 들면 어깨에 힘을 주고 자기를 과시하곤 했습니다.

인생을 살아가는데 자신감은 매우 중요합니다. 자신감은 어떤 일을 수행할 때 힘을 발휘하는 요소 중 하나입니다. 하지만 타인과의 비교를 통해 얻은 자신감은 한계가 있습니다. 비교할 대상이 없어지거나 비교 대상보다 부족한 자신을 마주하면 오히려 자신감이 떨어지기도 하죠.

또한 타인과 비교해서 얻은 자신감은 사실 '우월감'일 수도 있습니다. 자신감으로 포장된 우월감은 결국 상대의 눈살을 찌푸리게 만드는 불편한 요소가 되기도 합니다.

열등감을 감추려고 우월해지려는 사람들

누구나 남보다 우월해지고 싶은 욕구가 있습니다. 그 욕구 덕분에 현재보다 더 나은 미래를 갈망하며 성장을 위해 노력하기도 합니다. 그러나 과한 우월감은 상대에게 박탈감을 줄 뿐 아니라 자신에게도 악영향을 미칠 수 있습니다. 자신의 우월함을 증명하려고 타인을 무시하거나 밟고 올라서는 행위로 방향이 틀어지면 관계뿐 아니라 자기 자신도 괴롭히게 되는 역효과를 낳습니다.

타인과의 비교를 통해 자신의 우월함을 과시하고 인정받으려는 사람은 내면 깊숙한 곳에 자신에 대한 불신이 숨겨져 있을지도 모릅니다. 열등감을 감추려고 과하게 자신을 자랑하며 인정받으려는 거죠.

하지만 이를 반복하다 보면 상대에게 박탈감만 주게 되고, 박탈감을 느낀 상대는 더 이상 당신을 진심으로 인정하지도, 칭찬하지도 않게 될 겁니다. 결국 가까이하기에 먼 당신이 되어 관계가 점점 멀어지겠죠.

열등감은 극복하는 것이 아닌 활용하는 것이다

재호는 패션모델입니다. 모델치고는 키가 작고 외모도 평범한 편이죠. 하지만 어릴 적부터 꿈꿔온 직업이었기에 남들보다 몇 배 더 노력했습니다. 자신의 약점을 알고도 끊임없이 노력한 끝에 패션모델이 되었지만, 더 큰 고민이 시작되었습니다. 캐스팅이 안 되어 일이 들어오지 않았던 겁니다. 동료들은 화려한 외모와 큰 키를 앞세워 무대에 올라 승승장구했습니다. 재호는 그런 동료들을 지켜보며 자꾸 위축되었죠. 급기야 모델을 포기해야하나 고민하기 시작했습니다.

그러던 어느 날 소속사로부터 연기 오디션을 제안받게 됩니다. 재호는 모델로도 성공하지 못했는데 배우는 더더욱 안 될 거로 생각했죠. 자신의 평범한 외모로는 뭘 해도 안 될 것으로 믿었습니다.

하지만 재호는 오디션에서 캐스팅되어 배우로 데뷔할 수 있었습니다. 그의 외모가 평범했기에 감정연기를 할 때 큰 도움이 됐던 거죠. 패션모델을 할 때는 열등감을 가져다준 외모가 연기할 때는 엄청난 장점이 된 것이었습니다.

세상에 완벽한 인간은 없습니다. 누구나 열등한 부분이 있죠. 부족하고 열등한 부분을 극복하기 위해 노력하며 성장해 나가는 것이 우리의 삶입니다. 현재의 나를 좀 더 성장시키기 위해 노력하는 삶은 행복하지만, 상대와 끊임없이 비교하고, 그들보다 나은 삶은 사는 것에만 에너지를 쏟는 것은 오히려 열등감을 키우기도 합니다.

열등감은 우리가 생각하는 것만큼 나쁜 감정은 아닙니다. 열등감을 어떻게 활용하는지에 따라 부정적 굴레에 빠지거나, 성장의 발판이 되기도 하죠. 그렇다면 열등감을 성장의 발판으로 활용하려면 어떻게 해야 할까요?

열등감을 극복하려는 노력보다는 열등감에 사로잡히지 않는 연습을 하는 것이 좋습니다. 열등감을 잘 활용하기 위해서는 첫째, 비교 대상을 타인이 아닌 나로 바꾸어야 합니다. 누구에게나 있는 열등한 부분을 굳이 타인과 비교해 부각하는 것은 오히려 열등감을 증폭시키고, 끊임없이 비교하게 할 겁니다. 따라서 타인이 아닌 나 자신과 비교하며, 지금보다 더 나은 내가 되기 위해 노력해야 합니다.

　　　　　　　　　　성숙한 관계를 위한 연습

둘째, 스스로 열등과 우등의 차등을 두지 않아야 합니다. 좋은 학벌과 평범한 학벌, 비싼 자동차와 값싼 자동차, 예쁜 외모와 못생긴 외모 등 이분법적으로 좋고 나쁨을 규정하는 습관은 자신을 열등한 사람으로 만듭니다. 좋고 나쁨을 구분 짓지 않으면 스스로 열등해질 일도 줄어듭니다. 좋고 나쁨이 없으니 타인과 비교해 우위에 서려고 애쓰지 않아도 됩니다.

우리는 모두 열등하지만 매일 조금씩 성장하고 있습니다. 더 이상 열등감에 사로잡혀 부정적인 굴레에 빠져들지 않았으면 좋겠습니다. 타인과의 비교로 내 삶을 온전히 즐길 수 없는 사람이기보다는 지금의 나보다 더 나은 내가 되기 위해 노력해봅시다.

자기중심적 태도가
관계를 망친다

나는 괜찮지만 너는 안 돼

아현은 평소에 장난기가 많습니다. 친구들도 그녀의 성격을 잘 알기에 웬만한 장난쯤은 대수롭지 않게 여기며 넘기곤 합니다. 간혹 너무 지나친 장난을 할 때만 '적당히 하라'며 충고합니다. 그럴 때마다 아현은 '장난인데 뭘 그리 정색하냐'라고 되묻죠.

하지만 아현은 다른 친구가 본인에게 장난을 치면 예민하게 반응합니다. 친구들은 그런 아현을 보고 '자기가 하는 건 괜찮고, 다른 사람이 하면 안 되는 거야?'라는 반응을 보였습니다.

많은 사람이 자신에게는 관대하게, 상대에게는 빡빡하게 굴기도 합니다. 자기가 하는 무례한 말과 행동, 장난에는 타당한 사유가 있지만, 남들이 본인에게 장난치거나 무례하게 구는 건 용납하지 못합니다. 이처럼 지나친 자기중심적 해석은 상대와의 오해를 불러와 관계를 망치곤 합니다.

관계를 건강하게 이어나가려면 나의 행동을 해석하는 잣대나 기준을 상대에게도 똑같이 적용해야 합니다. '나는 괜찮지만 너는 안 돼'라는 자기중심적 태도를 '나도 괜찮고, 너도 괜찮아'로 바꾸어야 합니다. 그래야 건강한 관계로 변할 수 있습니다. 자기중심적 태도에서 벗어나려면 스스로 내가 자기중심적인 말과 행동을 하고 있는 건 아닌지 먼저 점검해봐야 합니다.

다 널 위해서 하는 말이야

수민은 취업 코칭을 전문으로 하는 컨설턴트입니다. 그녀는 종종 내담자들에게 상처를 주곤 했습니다. 내담자의 변화를 끌어내려고 '당신은 너무 나태합니다, 당신은 너무 이기적입니다'

같은 말을 직설적으로 해버리기 때문이죠. 수민의 말에 코칭 받으러 온 내담자들은 마음의 위안이나 위로를 얻기보다는 오히려 불쾌함을 안고 돌아가곤 했습니다. 코칭의 일부라고 받아들이기엔 너무 상처 되는 말이었기 때문입니다. 그러나 수민은 직설적으로 말해야 그들이 변화한다고 말합니다. 즉, 그녀가 한 말은 모두 그들을 위해서였다는 것이었죠.

상대에게 상처 주는 말을 아무렇지도 않게 하는 사람들이 있습니다. 말로는 상대를 위해서라고 하지만 정작 듣는 사람은 오히려 불쾌해하기도 합니다. 진짜 상대를 배려하는 사람들은 상대방 입장에서 생각하기 때문에 말로 상처 주는 일이 적습니다. 따라서 '상대를 위해서'라는 핑계는 자기중심적인 합리화가 낳은 잘못된 생각입니다.

더 나은 관계를 원한다면, 진짜 상대를 위한다면 직설적으로 말하기보다 상대가 받아들일 수 있는 유연한 화법을 써야 합니다. '너는 너무 나태해' 라고 말하는 대신 '너는 생각이 너무 많은 것 같아. 생각을 행동으로 옮기는 시간을 조금 앞당기는 건 어떨까?'라고 표현하는 게 낫습니다. 부드러운 표현을 쓴다고 말의 힘이 없어지는 건 아닙니다.

아무리 상대를 위해서 한 말일지라도 부정적인 말을 직설적으로 하는 것은 타인에게 상처를 줍니다. 더 이상 무례함을 솔직함으로 포장하지 말아야 합니다. 따라서 상대를 위한 말을 하기 전에 '나'라면 어떤 말을 듣고 싶을지 먼저 고민해봅시다.

Part3

'찐' 사랑을 위한
연습

나를 사랑하긴 하는 걸까?

나를 사랑한다면서 표현하지 않는 상대

선영과 주석은 연인 사이입니다. 선영은 사랑 표현을 잘 하지 않는 주석에게 자주 서운함을 느낍니다. 선영은 서운함을 느낄수록 주석에게 사랑 표현을 요구했고, 그런 선영이 부담스러워진 주석은 자꾸 뒤로 물러나려고 했습니다. 한쪽은 계속 쫓아가고 한쪽은 계속 달아나는 격이 된 거죠. 선영은 혼자 안달하는 느낌이 들어 속상했고, 주석은 그런 선영이 자신을 옥죄는 것 같아 결국 둘은 이별을 선택하게 됩니다.

연인끼리 사랑을 확인하고 싶은 것은 너무 당연한 일입니다.

'찐' 사랑을 위한 연습

사랑은 서로 주고받는 것이지 한 사람만 일방적으로 준다고 해서 이뤄지는 것도 아니죠. 그런데 사랑한다는 표현도 안 할뿐더러 사랑을 확인하려 하면 지레 겁먹고 도망치려는 사람이 있습니다. 다른 사람들에게는 한없이 상냥하고 친절하지만, 연인에게만 표현이 인색한 사람. 그런 상대와 연애하면 사랑을 주고받는 느낌보다는 평행선을 달리는 기분이 듭니다. '과연 나를 사랑하긴 할까?'라는 의심에 사로잡혀 마음만 괴롭습니다. 차라리 싫으면 싫다고 말을 해주면 좋으련만, 싫은 건 또 아니라고 합니다.

균형이 맞지 않는 연애를 하면 마치 한쪽이 짝사랑하는 모양이 됩니다. 한쪽은 애원하는데 한쪽은 시큰둥하죠. 이런 관계가 오랫동안 유지될 리도 없습니다. 결국 한쪽은 돌아오지 않는 사랑의 메아리를 기다리다 포기하게 되고, 또 한쪽은 통제와 압박감을 느껴 상대를 밀어냅니다.

사랑한다면서 표현하지 않는 진짜 이유

사랑해서 만나는 사이인데 왜 사랑 표현을 안 하는 걸까요? 표현하지 않는 사람들은 사랑을 잃게 될까봐 두려워하는 경향이 있습니다. 그러니 사랑을 표현하는 대신 상황을 회피하는 거죠. '사랑을 잃지 않으려고 사랑을 표현하지 않는다'라는 말이 모순적인 말처럼 들리지만 사실일지도 모릅니다.

이런 사람들은 연애를 하면서도 무의식적으로 이별을 염두에 둡니다. 사랑하는 사람에게 버림받았을 때 조금이라도 덜 아프려고 미리미리 약을 발라놓는 거죠. 일종의 방어 자세입니다. 이별 후의 고통이 너무 클까 봐 마음껏 사랑을 주지 못하는 거죠. 줬던 사랑이 큰 만큼 아플 테니까요.

그들에게 관계가 깊어진다는 것은 곧 두려움이 짙어지는 것과 비슷합니다. 고통으로부터 자신을 보호하기 위해 관계가 깊어지는 것을 거부하죠. 상처받고 싶지 않은 무의식이 벌이는 강력한 몸부림입니다.

'찐'사랑을 위한 연습

사랑하는 사람을 놓치고 후회하지 않는 법

선영의 지나친 사랑 요구에 갑갑함을 느꼈던 주석은 이별 후 며칠간은 해방감을 느꼈습니다. 하지만 해방감 뒤엔 무시무시한 공허함이 찾아왔죠. 선영과 헤어졌다는 사실을 실감하자 너무 고통스러웠습니다. '있을 때 잘할 걸, 좀 더 표현해줄걸…' 주석은 너무 후회됐습니다. 덕지덕지 남은 미련을 앞세워 선영에게 용서를 구해봤지만 이미 떠난 마음을 붙잡을 수는 없었죠. 주석은 결국 사랑을 놓친 후에야 자신의 표현이 부족했음을 뼈저리게 후회했습니다.

늘 회피하는 사람이라고 해서 이별에 관대한 건 아닙니다. 오히려 혼자서 끙끙 앓으며 아파하거나 눈물을 쏟으며 후회하기도 하죠. 같은 후회를 반복하지 않으려면 연습이 필요합니다. 사랑도 노력이 필요하다는 걸 항상 인지해야 하죠. 노력하지 않고 상대방이 내 마음을 알아주기만 바란다면 늘 같은 패턴으로 싸우다가 이별을 맞이하게 될 겁니다.

표현하지 않고 늘 회피하는 사람이 사랑을 놓치고 후회하지 않으려면 첫째, 자신이 사랑하는 사람과 관계가 깊어질수록 두려워

한다는 걸 정확히 인지해야 합니다. 그동안은 회피하고 도망치는 행동을 스스로 합리화했을지도 모릅니다. 가령, '마음이 중요하지, 표현이 중요한가? 사랑을 굳이 겉으로 드러내야 하나?' 같은 이유로 자신의 행동을 두둔했을 겁니다. 하지만 이제는 그런 마음이 내 안의 두려움에서 비롯된 것임을 직시해야 합니다.

둘째, 작은 일도 상대와 공유하고 표현하는 연습을 해보세요. 감정을 일일이 표현하는 게 처음엔 쉽지 않을 겁니다. 그래도 매일 단 한 문장이라도 상대에 대한 감정을 조금씩 표현하는 연습을 해봅시다. 꼭 '사랑한다'라는 말이 아니더라도 '고맙다, 미안하다, 즐거웠다, 보고싶다, 서운하다' 등 아주 작은 감정이라도 표현해보는 겁니다. 무슨 일이든 처음이 어렵지 하다 보면 익숙해지기 마련입니다. 그렇게 시작한 작은 발걸음이 하나둘 쌓이면 점점 표현하는 능력이 생기고 상대에게도 사랑하는 마음과 안정감을 줄 수 있게 될 겁니다.

더는 마음을 표현하지 못해서 사랑을 놓치고 후회하는 일이 없었으면 좋겠습니다. 우리는 충분히 사랑하고 충분히 사랑받으며 살아갈 가치가 있는 사람이니까요.

'찐' 사랑을 위한 연습

헤어지지 못하는 여자,
떠나가지 못하는 남자

헤어지고 만나고, 또 헤어지다

동석과 가령은 사내 커플 8년 차입니다. 8년이라는 시간 동안 수없이 싸우고 이별을 반복했지만, 회사에서 매일 마주치다 보니 재회도 쉬웠습니다.

그들은 재회할 때마다 예전처럼 싸우지 않으려고 무던히 노력합니다. 그럼에도 불구하고 알 수 없는 불편함과 냉기는 사라지지 않았죠. 서로가 서로에게 하나부터 열까지 맞춰주고 있다고 생각했는데, 노력이 무색하게 사소한 이유로 자주 다투곤 했습니다.

두 사람은 시간이 지날수록 서로 눈치만 살피게 되었고, 함께 있는 시간이 행복하기는커녕 피가 마르는 듯했습니다. 동석과 가령 모두 관계 회복을 위해 노력했지만, 결국엔 그동안 눌러왔던 감정을 뿜어내며 싸우다가 또다시 헤어지고 말았습니다.

이별과 재회를 반복하는 연인들이 꽤 많습니다. 헤어진 뒤에야 상대방의 소중함을 깨달아서, 혼자 오해한 것 같아서, 혼자 있어보니 외로워서, 그 사람만 한 사람이 없는 것 같아서, 미련이 남아서 등 다양한 이유로 재회하여 관계를 이어갑니다. 그러다가 '헤어진 연인과 재회하면 똑같은 이유로 헤어진다'라는 말을 증명이라도 하듯 또 같은 이유로 싸우다가 또다시 이별하기도 합니다.

하지만 재회한 연인 모두가 그런 것은 아닙니다. 재회 후에 더 단단한 관계로 발전해 결혼으로 이어지는 커플도 많습니다. 그렇다면 왜, 어떤 연인은 이전의 실수를 반복하고, 어떤 연인은 헤어지기 전보다 더 깊은 관계로 발전할 수 있는 걸까요?

여러 가지 이유가 있겠지만 재회 후에도 이전의 관계를 답습하느냐, 깨달음을 얻어 새로운 관계로 거듭나기 위해 노력하느

'찐' 사랑을 위한 연습

냐의 차이입니다.

행복한 재회를 위한 노력

선향은 남자 친구와 취미도 성향도 가치관도 비슷합니다. 남자 친구를 멘토이자 인생 선배이자 가장 친한 친구로 여기며 뜨겁게 사랑했죠. 하지만 시간 앞에 장사 없다고 그들의 애정 전선에도 먹구름이 끼기 시작했습니다.

이보다 더 비슷할 수 없다고 생각해왔는데 시간이 흐를수록 선향과는 정반대의 모습만 눈에 띄었습니다. 그들은 함께 볼 영화를 고르거나, 식당에서 메뉴를 정하는 등 사소한 일로도 다투기 시작했습니다. 다툴 때마다 서로의 이기적인 모습만 드러나 크게 실망하고 결국엔 이별하게 됐죠.

하지만 얼마 지나지 않아 서로의 익숙함이 그리워 다시 재회하게 됩니다. 서로에게 일말의 변화를 기대하고 재회했지만, 이전과 다를 바 없는 모습에 실망해 또다시 헤어지고 말았습니다.

재회 후에 관계를 개선하기 위해 노력하지 않고 상대를 탓하거나 상대가 변하기만을 기대한다면 둘의 관계는 절대 나아지지 않습니다. 재회하기로 마음먹었다면 상대의 변화를 기대하기보다 관계의 변화를 기대해야 합니다. 그러기 위해서는 내가 먼저 변하는 모습을 보여줘야 합니다. 내가 먼저 변하지 않으면 상대방도 '그럼 그렇지, 넌 변한 게 없구나'라고 생각하게 됩니다. 그럼 실망하게 되고, 또다시 이별을 반복하겠죠. 연애는 둘이서 하는 것입니다. 따라서 행복한 관계가 유지되길 원한다면 나부터 먼저 변할 수 있도록 노력해야 합니다.

재회는 관계를 잠시 멈추었다가 다시 이어가는 것이 아니라 새로운 관계를 시작하는 것입니다. 만나는 상대는 그대로지만 이전의 방식을 버리고 새로운 방식으로 상대방을 대하는 거죠. 그동안 서운했던 일도 마음에 담지 말고 훌훌 털어버린 뒤 관계를 리셋해야 합니다.

서로의 장단점을 인정하는 연습도 필요합니다. 단점을 비난하거나 자신의 장점을 내세우는 것이 아니라 서로의 단점은 이해하고 인정하며, 서로의 장점은 칭찬해주는 거죠. 물론 단점을 이해하고 장점을 칭찬해 준다고 해서 하루아침에 드라마틱한 관계의 변화가 일어나지는 않습니다. 그러나 서로의 단점을 인정하는 습관은 상대에게 불만을 품기 전에 이해하려는 노력으로 이어집니다. 또한 장점을 칭찬하는 습관은 각자의 자존감을 높여주고 서로가 소중한 사람임을 깨닫는 밑거름이 됩니다.

이별은
누구나 아프다

이별에 쿨한 사람, 받아들이지 못하는 사람

나연과 주희는 둘도 없는 단짝입니다. 식성부터 취향, 취미까지 비슷하지만 딱 하나 다른 게 있습니다. 이별에 대처하는 방식입니다.

나연은 이별을 겸허히 받아들이는 편입니다. 상대방을 이해해보기도 하고, 원망도 하고, 가슴을 치며 울다가 또 어느 샌가 밥을 챙겨먹고 웃기도 합니다. 아픈 순간을 한껏 경험한 후 일상으로 돌아오는 거죠. 반면 주희는 이별할 때마다 세상이 무너진 듯 괴로워합니다. 무너지는 세상이 두렵기에 상대를 붙들고 놓아주지 않습니다. 사랑했던 상대가 자신을 떠나가면 본인의 인생도 사라지는 것처럼 생각합니다. 그러니 더욱 이별이 힘들 수밖에 없죠.

나연과 주희 모두 이별을 경험했지만 대처하는 방법은 매우 다릅니다. 둘 다 아프고 힘들어한 건 똑같지만 나연은 시간이 지나 본인의 일상으로 돌아왔고, 주희는 과거를 붙들고 산다는 게 다릅니다.

누구나 이별 직후에는 이성적인 생각이나 판단이 어렵습니다. 정리되지 않은 감정 때문에 이별을 실감할 수 없고 상대방을 놓아주는 것도 힘듭니다. 밥도 먹을 수 없고, 모든 게 무의미하게 느껴지기도 합니다. 하지만 시간이 지나면 점차 이별도 받아들이게 되고, 상대에 대한 감정도 흐려지기 마련입니다. 그러면서 조금씩 자기만의 일상도 회복됩니다. 시간이 약이라는 말이 딱 맞는 것 같습니다.

그런데 아무리 시간이 지나도 이별에서 벗어나지 못하고 고통받는다면 삶이 얼마나 괴로울까요? 뒤도 안 보고 떠난 사랑을 혼자 놓아주지 못해 내 삶을 엉망으로 만드는 건 너무 불행한 일입니다.

이별은 또 다른 사랑을 위한 준비다

효주는 남자를 잘 믿지 못합니다. 오랫동안 연애에 관심을 끄고 일만 하며 살던 효주 앞에 어느 날 한 남자가 나타났습니다. 운명의 상대를 만나면 '이 사람이다!'라는 소리가 귓가에 메아리 친다는 글귀를 언젠가 읽어본 것 같습니다. 그게 효주 자신에게도 일어날 줄은 몰랐던 거죠. 남자를 못 믿고 늘 견제하던 효주였지만 이번만큼은 느낌이 다르다고 생각했습니다. 효주는 그에게 온전히 마음을 열었고, 모든 것을 보여줬습니다. 그 또한 효주와 모든 것을 공유하며 앞으로 함께 할 미래를 그리는 듯했죠.

하지만 그들에게도 이별의 그림자가 드리우기 시작했습니다. 효주는 '운명'이라고 생각한 사람을 잃고 싶지 않아서 무던히 노력했습니다. 효주의 희생으로 두 사람은 다시 재회했지만 깨진 유리병을 억지로 붙여놓은 꼴이었습니다. 벌어진 틈새로 신뢰와 믿음, 사랑이 줄줄 새고 있었죠.

역시나 그들의 관계는 금방 바닥을 보였습니다. 그동안 쌓였던 둘의 앙금이나 숙제를 풀지 못한 채 관계만 다시 엮어 놓으니 제대로 유지가 될 리가 없었죠. 두 사람은 같은 이유로 이별을 반복하다가 결국, '진짜 끝'이라는 세상 허무한 말로 이별을 맞이했습니다.

효주는 이별 직후 폐인의 몰골로 살았습니다. 먹지도, 자지도 않고 실성한 사람처럼 울기만 했죠. 회사에서도 온종일 어두운 얼굴이었고 친구도 만나지 않았습니다. 처음엔 효주를 위로하던 친구들도 시간이 갈수록 지쳐갔습니다. 급기야 '나라를 잃어도 너처럼은 안 살겠다'라는 말을 듣고서야 효주는 정신을 차릴 수 있었습니다. 그녀는 이별을 받아들이고 일상을 조금씩 회복하기 시작했습니다.

집안에만 있던 효주는 미용실도 가고 쇼핑도 하고 운동도 다니며 다른 사람이 들어올 수 있는 틈을 만들었습니다. 그러자 곧 그녀에게 또 다른 사랑이 운명처럼 찾아왔습니다.

헤어짐이 있어야 또 다른 만남이 찾아옵니다. 물론 이별은 마음 아픈 일이지만, 어찌할 수 없는 이별이라면 고통 속에서 허우적대기보다 그것을 기회 삼아 극복하는 것이 낫습니다. 내가 이별을 인정하고 받아들이는 순간 진짜 이별할 수 있습니다. 이별을 해야 다른 사람이 들어올 수 있는 틈이 생깁니다. 또 틈이 있어야 새로운 만남도 시작할 수 있습니다.

　이별했다고 내 인생이 끝나는 건 아닙니다. 이별은 인생을 살면서 겪는 자연스러운 일 중 하나이며, 이 또한 반드시 지나가기 마련입니다. 고통스러운 순간이 지나면 더 나은 기회가 옵니다. 그래도 이별을 받아들이기 힘들다면 생각을 조금만 전환해보세요. 지금의 이별은 행복했던 내 과거와의 작별이 아닌, 새로운 행복을 만날 기회라고요.

　　　　　　　　　　　'찐' 사랑을 위한 연습

질투와
집착을
끊지 못하는 사람

넌 나만 바라봐!

하준은 질투심이 강한 편입니다. 여자 친구가 남자 연예인을 보고 감탄하거나 행복해하는 모습을 보면 화를 참지 못하죠. 또 하준과 데이트 중에 식당 종업원이나 길을 물어오는 남자에게 친절하게 대답해도 크게 분노했습니다. 하준은 질투심에 휩싸여 여자 친구를 점점 압박했죠. 지나가는 남자뿐 아니라 남자 연예인마저 팬심으로도 좋아하지 못하도록 통제했습니다. 그뿐만 아니라 여자 친구의 과거에도 집착했습니다. 하준은 여자 친구의 과거를 꼬치꼬치 캐물었고, 하준의 끈질긴 추궁 끝에 그녀는 과거의 연애를 솔직하게 털어놓았습니다. 그리고 머지않아 후회했습니다. 하준이 사사건건 그녀의 과거를 들먹이며 시비를 걸고 질투했기 때문이었죠. 그녀는 이미 지난 일을 문제 삼으며 압박하는 하준에게 질려 이별을 선택하고 말았습니다.

누구나 질투심은 있습니다. 내가 사랑하는 사람이 다른 사람에게 관심을 갖거나 애정을 쏟는다면 질투하는 마음이 드는 건 당연합니다. 하지만 과한 질투는 관계에 악영향을 끼칠 수밖에 없습니다. 적당한 질투는 귀엽고 사랑스럽지만 과한 질투는 서로의 정신을 갉아먹게 됩니다. 결국 사랑을 지키고자 했던 질투가 오히려 사랑을 잃게 만드는 결과를 초래하기도 하죠.

과도한 질투심은 자신에 대한 믿음이 부족하거나 상대가 자신을 버릴 것이라는 막연한 불안감에서 옵니다. 상대방을 진심으로 사랑하고 그 사랑을 끝까지 지키고 싶다면 근거 없는 불안감을 떨쳐내는 연습부터 해야 합니다.

나 사랑해? 얼마나 사랑해?

은혁과 솔님은 같은 초등학교, 중학교, 고등학교를 졸업한 친구 사이였습니다. 서로에 대해 누구보다 잘 안다고 자부했죠. 둘은 대학에 입학하며 연인 사이가 되었습니다. 서로를 속속들이 알고 있으니 사랑도 견고할 것으로 생각했지만 친구로 지낼 땐 보이지 않던 단점이 하나둘 보이기 시작했습니다.

평소 과묵한 은혁의 성격이 친구일 때는 장점으로 보였지만 연인이 되자 너무 무뚝뚝하게 느껴졌습니다. 솔님은 표현하지 않는 은혁의 무뚝뚝함에 상처받고 실망하기 일쑤였습니다. 은혁도 마찬가지였습니다. 친구일 때는 명랑하고 솔직한 솔님의 성격이 좋았지만, 연인이 되자 부담스러웠습니다. 시도 때도 없이 사랑을 요구하고 집착하는 것처럼 느껴졌죠. 둘은 서로의 성격을 버거워하기 시작했고 머지않아 이별을 선택하고 말았습니다. 오랫동안 쌓아온 우정도 끝나버렸죠.

끊임없이 상대방의 마음을 의심하고 사랑을 확인하려는 사람들이 있습니다. 표현해야 알 수 있는 게 사랑이라고 하지만, 상대가 괴로울 만큼 사랑을 갈구하고 확인하려 든다면 상대로선 도망치고 싶은 마음만 들 것입니다. 상대의 사랑을 자꾸 확인하려는 습관은 자신과 상대의 사랑에 대한 믿음이 부족한 탓일 가능성이 높습니다. 상대의 마음이 변할까 봐 불안한 마음에 자꾸 확인하려는 것이지만 그런 행동이 지속되면 오히려 상대를 지치게 만들죠. 결국 상대의 마음을 붙잡아두려 했던 행동이 상대의 마음을 떠나게 하는 상황을 만들게 됩니다.

사랑은 모래알과 같습니다. 손에 쥐려 할수록 빠져나가기 마련입니다. 억지로 쥐려는 노력보다는 서로에 대한 믿음과 적당한 거리를 유지할 때 더욱 깊은 사랑으로 발전할 수 있습니다. 사랑을 지키고 싶다면 내 마음과 상대에게 여유를 주세요.

네가 없으면 죽어버릴 거야!

성연의 남자 친구는 늘 그녀를 의심하고 통제했습니다. 결국 성연은 그에게 이별을 통보하고 연락도 받지 않았습니다. 성연은 그와의 관계가 끝났다고 생각했지만, 혼자만의 착각이었습니다. 그는 성연이 이별을 통보한 날부터 끊임없이 전화를 해대고

수백 통의 문자와 음성메시지를 남겼습니다. 그래도 성연이 아랑곳하지 않자 '죽어버리겠다'라는 메시지를 끝으로 연락이 두절됐습니다. 놀란 성연이 아무리 전화해도 받지 않았죠. 성연은 자기 때문에 사람이 죽을지도 모른다는 두려움에 경찰서로 달려가 도움을 청했습니다. 죽어버리겠다는 엄포를 놓고 잠수를 탔던 그는 경찰의 연락은 너무도 태연하게 받았습니다.

그날 이후 성연은 그가 또 극단적인 생각을 할까 봐 다시 만남을 이어갔습니다. 하지만 사랑하는 감정은 이미 식은 후여서 관계가 지속될 리 없었습니다. 결국 두 번째 이별을 고하자 첫 번째 이별보다 더 큰 난관에 부딪히게 됩니다. '죽어버리겠다'라는 말이 더는 통하지 않자 그는 성연을 죽이겠다고 협박했습니다. 겁에 질린 성연은 몇 개월 동안 그를 어르고 달래고 무시하는 등 온갖 방법을 동원해 겨우 헤어질 수 있었습니다.

연인의 이별 통보에 파괴적인 행동을 보이는 사람들을 종종 볼 수 있습니다. '죽어버리겠다'라는 말로 상대를 협박하고 옴짝달싹 못하게 만들기도 합니다. 이런 사람들은 헤어짐의 고통(불안감, 공허함, 공포 등)을 어떤 방식으로 풀어내야 할지 몰라 극단적인 방법을 선택합니다. 하지만 결국 이런 파괴적 행동은 관계의 개선에 도움이 되지 않을뿐더러 자신과 상대의 몸과 마음만 상하게 만들죠.

협박이 통해서 상대를 붙잡을지라도 결국 관계는 무너지게 됩니다. 혹여나 자신 때문에 사람이 죽기라도 할까 봐 꾸역꾸역 만남을 이어가지만, 관계는 이미 어긋났기 때문입니다. 또한 억지로 상대를 붙잡은 쪽은 상대의 말과 행동에 더욱 예민해지고, 억지로 관계를 이어 붙였다는 사실을 잘 알기에 또 언제 헤어질지 몰라 불안하고 초조할 겁니다.

누군가와 사랑할 때는 나 밖에 모르는 사람과 나 없으면 죽겠다는 사람을 구분해야 합니다. '너만 사랑하고, 네가 없으면 세상이 무의미하다'라는 말과 '너 없으면 죽어버리겠다'라는 말은 큰 차이가 있습니다. 순수하게 나를 사랑해주는 것과 나에게 집착하는 사람을 구분할 줄 알아야 합니다. 그렇지 않으면 또다시 고통스러운 관계를 억지로 이어가야 할지도 모릅니다.

'찐' 사랑을 위한 연습

열정이 끝나야
'찐' 사랑이 시작된다

오빠 변했어!

    혁진은 비가 오나 눈이 오나 늘 라미 곁을 맴돌며 정성을 쏟았습니다. 그렇게 라미를 2년간 짝사랑한 끝에 연인이 되었죠. 연애를 시작한 뒤 혁진의 사랑은 더욱 지극해졌습니다. 퇴근하면 곧바로 라미에게 달려가 잠깐이라도 얼굴을 보려 했고, 기념일은 물론 보통날에도 크고 작은 이벤트를 벌여 라미에게 감동을 주었습니다. 라미는 세상을 다 가진 것처럼 행복했습니다.

    그렇게 1년 정도가 지나자 혁진의 태도가 달라지기 시작했습니다. 퇴근 후에는 피곤하다는 이유로, 주말에는 다른 일로 바쁘다며 라미를 만나지 않았습니다. 라미는 그런 혁진의 태도가 서운했고, 그의 마음이 변했다고 생각했습니다. 혁진이 아무리 변명해보아도 처음과는 많이 달라진 그의 태도에 라미는 사랑이 식었다고만 생각했습니다.

처음 연애를 시작할 때는 상대를 위해 못 할 것이 없습니다. 잠을 안 자도 피곤하지 않고 밥을 안 먹어도 배가 부릅니다. 하지만 시간이 흐르고 서로에게 익숙해지면 처음의 열정은 온데간데없어지기도 합니다. 마음이 변해서인 경우도 있지만 그렇지 않을 때도 많습니다. 상대를 향한 마음은 그대로인데 단순히 열정만 식는 일도 있기 때문이죠.

'열정이 식었다 = 사랑하는 마음이 식었다'로 받아들이는 사람이라면 상대에게 실망해 이별을 선택하기도 합니다. 상대의 열정이 식어서 사랑하는 마음도 식었다고 단정하기 때문이죠. 하지만 누구나 열정적인 시기가 있으면, 열정이 식는 시기 또한 올 수 있습니다. 무슨 일이든 처음은 흥분되고 설레지만 익숙해지다 보면 처음의 열정이 식기도 하니까요. 그 사실을 인정하지 못하고 상대의 식은 열정이 곧 식은 마음이라 단정하고 몰아세운

'찐' 사랑을 위한 연습

다면 있던 감정마저도 식게 만들지 모릅니다.

밥 먹는 모습도 꼴 보기 싫어

세종은 감성이 풍부하고 섬세해서 친구들의 고민을 잘 들어주고 공감도 잘합니다. 반면 명주는 작은 일에는 크게 신경 쓰지 않고 솔직하고 씩씩한 편이죠. 너무 다른 둘이지만 그 '다름'에 끌려 연애를 시작했습니다.

그러나 연애 기간이 길어질수록 서로의 단점만 보이기 시작했습니다. 명주가 반했던 세종의 섬세함은 점차 명주를 괴롭게 만들었습니다. 명주의 행동 하나하나, 말 한마디 한마디에 사사건건 의미를 부여하며 못살게 굴었던 거죠. 세종도 마찬가지였습니다. 처음엔 명주의 솔직하고 씩씩함에 반해 연애를 시작했지만 시간이 지나자 너무 제멋대로인 성격이라고 느껴졌습니다. 정반대의 성격인 둘은 어느 순간부터 사사건건 부딪쳤습니다.

연애 초기에는 뭘 해도 사랑스럽고 멋있기만 했는데 언제부턴가 서로의 밥 먹는 모습도, 숨 쉬는 소리도 거슬리고 마음에 들지 않았습니다. 이게 말로만 듣던 권태기인지, 아니면 서로의 마음이 식은 건지 본인들도 알 수 없었죠.

연애 기간이 길어지면 상대방의 모든 게 마음에 들지 않는 시기가 찾아오기도 합니다. 내가 반했던 모습이 세상에서 제일 꼴보기 싫은 모습으로 둔갑하는 '권태기'가 오는 것이죠. 권태기는 살면서 한 번쯤은 걸리는 감기와도 같습니다. 감기에 걸렸다고 사람이 쉽게 죽지는 않습니다. 가벼운 감기는 충분한 휴식만 취하면 언제 그랬냐는 듯 다시 건강한 일상으로 돌아올 수 있습니다. 권태기도 마찬가지입니다. 권태기는 사랑이 끝났다는 신호가 아니라 서로에게 충분한 휴식 시간이 필요하다는 것을 알려주는 알람일지도 모릅니다.

잠시 쉬어가도 좋아

권태기가 오면 아무리 재미있는 데이트를 해도 재미가 없고, 만나서 마땅히 할 이야기도 없습니다. 서로 휴대전화만 보며 시간을 때우다가 헤어지기 일쑤죠. 뚜렷한 이유 없이 짜증이 나고 맥락 없는 다툼이 잦아집니다. 그래서 둘의 관계에 문제가 있다고 생각해 이별을 선택하기도 합니다.

하지만 권태기는 헤어져야 할 시기가 아닌, 잠시 쉬어가야 할 타이밍입니다. 연인 사이에 권태기가 오는 것은 매우 자연스러운 현상입니다. 그동안 열정을 다해 사랑했다는 증거이기도 하고요. 열정적으로 에너지를 쏟았으니 지쳐 쓰러지지 않게 잠시 숨을 고르라는 의미인 거죠.

식은 열정만큼 더 깊은 사랑이 시작된다

권태기는 극복 또는 이별이라는 두 개의 카드를 들고 찾아옵니다. 권태기를 겪을 때마다 이별을 선택한 사람들은 또 다른 연인을 만나더라도 권태기를 극복할 수 없을지도 모릅니다. 하지만 권태기를 함께 극복한 연인은 그동안의 사랑과는 또 다른 깊고 견고한 사랑으로 관계를 다시 시작할 수 있습니다.

하지만 권태기를 억지로 극복하기 위해 행동할 필요는 없습니다. 많은 연인이 권태기를 극복하려고 함께 여행을 가거나 평소에 하지 않던 깊은 대화를 시도합니다. 그러나 이미 연료가 바닥난 자동차를 억지로 밀고 당겨도 목적지까지 가는 데는 한계가 있습니다. 오히려 없는 에너지를 쥐어짜느라 더 지쳐가겠죠.

권태기를 겪는 연인들은 연료가 떨어진 자동차를 억지로 밀거나 끌려는 노력보다는 과열된 자동차를 식히고, 연료를 조금씩 채워가는 노력이 필요합니다. 각자 할 일에 집중하고, 그동안 사랑에 열정을 쏟느라 소홀했던 나 자신에게 관심을 가져보세요. 서로 각자의 삶에 집중하며 몸과 마음의 여유를 찾으면 사랑할 수 있는 힘을 다시 비축할 수 있습니다. 권태기는 불행이 아니라 더 깊고 견고한 사랑으로 가기 위한 과정입니다. 열정이 식고 나면 비로소 '찐'사랑이 시작된다는 것을 잊지 말아야 합니다.

'찐' 사랑을 위한 연습

나는 왜
항상 나쁜 남자(여자)만
꼬일까?

익숙함에 속지 말자

가인은 스스로 '남자 복이 없다'라는 말을 입버릇처럼 합니다. 그녀는 소위 말하는 나쁜 남자와 불안한 연애를 해왔습니다. 때문에 연애하면서 단 한 번도 마음 편했던 적이 없었죠. 그녀는 늘 안정된 연애를 원했지만 새로운 연애를 해도 또다시 비슷한 고통을 받고 헤어지기를 반복했습니다.

그녀는 새로운 사람을 선택할 때 그동안의 패턴을 반복했습니다. 자신을 고통스럽게 만들었던 사람들과 비슷한 성향이나 매력을 가진 사람들을 선택했던 거죠. 결국 그녀는 스스로 나쁜 남자와의 고리를 끊지 못한 채 비슷한 사람을 선택하고, 고통스러운 연애를 반복했습니다.

착하고 평범한 사람에게는 매력을 느끼지 못하고 나쁜 사람에게만 마음이 끌리는 사람들이 있습니다. 본인이 선택해놓고 내 주변엔 나쁜 이성만 있다고, 나는 운도 없다고, 내 사랑은 늘 힘겹다고 말합니다. 이처럼 유독 나쁜 이성과의 만남이 반복되고, 나쁜 이성에게만 매력을 느낀다면 주변 문제가 아니라, 자신의 습관 때문일 수도 있습니다. 스스로 나쁜 이성만 알아보고 선택하는 습관이 있는 거죠.

사랑이나 연애는 일정한 패턴을 지닌 경우가 많습니다. 살면서 연애를 딱 한 번만 한 사람이 아니라면 대부분 개인의 습관에서 기인한 패턴이 있죠. 만나는 이성마다 비슷하다면 내 선택의 화살이 그곳을 향해있을 가능성이 큽니다. 집착하는 사람, 알코올중독자, 바람둥이, 폭력적인 사람, 이기적인 사람, 거짓말쟁이 등 종류는 다양하지만 한 가지의 결을 가진 이성만 만나게 됩니다.

운이 나빠서, 전생에 대역죄를 지어서, 누군가 자신을 저주해서 생긴 일이 아니라 자신의 선택이었음을 깨닫고 선택의 방향을 바꾸어야 합니다. 나쁜 이성과의 고리는 그들이 아닌 나 스스로 끊어야 합니다.

우리의 선택에는 '익숙함'이 큰 영향을 미칩니다. 연애도 마찬가지죠. 연애 상대를 선택할 때 나도 모르게 익숙함이 작용해 비슷한 연애를 반복하죠. 누가 봐도 착하고 좋은 이성인데 스스로 매력을 못 느껴 밀어내지는 않았는지, 착하고 무던한 이성은 지루하다는 이유로 멀리하지는 않았는지, 그동안의 선택을 한번 돌아보세요.

나쁜 이성을 걸러내려면 익숙한 선택을 하는 고리를 끊어내야 합니다. 연애는 하는 것이 목적이 아니라 연애하면서 '행복'을 느끼는 게 우선입니다. 단순히 연애를 하기 위해 익숙함을 선택하는 오류를 범하지 않았으면 좋겠습니다.

내가 바람펴도 넌 절대 피지 마

상대가 바람피우는 걸 들켰을 때 단호하게 헤어지는 사람이 있는가 하면, 알고도 눈감아주거나 한 번의 실수로 여기고 용서하는 사람이 있습니다. 후자의 경우, 당장 그 사람을 놓치기 싫어서 용서하는 방법을 선택하지만 만남이 지속될수록 상대가 또 바람피울까 봐 불안해합니다. 물론 완전히 용서하고 더는 상대를 의심하지도 불안해하지도 않는 사람도 있을 겁니다. 하지만 이 경우에도 이미 한 번 바람피운 상대가 또 바람피우지 않을 것이라는 보장은 없습니다.

결국 불안하든 불안하지 않든 바람피운 상대와는 깨끗하게 이별하는 것이 자신의 마음이 황폐해지는 것을 막는 최선의 방법입니다. 상대의 외도를 알아버린 이상 불안감에 휩싸일 것이고, 신뢰가 깨진 관계는 결코 오랫동안 유지될 수 없기 때문이죠.

그럼에도 실수로 인정하고 용서하기로 했다면 완전한 용서를 위해 애써야 합니다. 바람피운 사실을 두 번 다시 끄집어내지 않고 자신과 상대를 괴롭히지 않을 단단한 마음이 수반되어야 합니다. 나쁜 기억을 완벽하게 지우고 살 수 있다면 만남을 유지해도 좋지만, 그럴 자신이 없다면 애초에 상대를 다시 받아주지 말아야 합니다.

내가 만나고 싶을 때 만나고 내가 사랑하고 싶을 때 할 거야

준서는 리더십이 뛰어나고 행동이 빠른 편입니다. 화선도 그런 준서의 성격에 매력을 느꼈죠. 준서의 박력 있는 성격 덕분에 알쏭달쏭한 '썸'의 시기도 없이 둘의 연애는 폭풍우가 몰아치듯 세차고 빠르게 진행됐습니다. 늘 그들의 관계를 리드하는 준서를 보며 화선은 편안함을 느꼈습니다. 데이트 장소, 메뉴, 시간 등 그 무엇도 고민할 필요가 없었기 때문이었죠. 그러나 준서의 성격을 마냥 긍정적으로 생각할 수만은 없었습니다. 준서는 화선의 사생활이나 감정에는 크게 신경 쓰지 않았습니다. 오로지 자신의 스케줄과 상황에만 초점을 맞췄죠. 그러다 보니 화선은 준서와의 데이트가 점점 버거워졌습니다. 준서의 상황과 감정만 배려하다 보니 정작 자신은 잘 돌보지 못한 거죠.

그러나 이미 준서의 방식대로 굳어진 그들의 관계는 쉽게 변할 수 없었습니다. 화선이 준서의 의견에 반기라도 들면 어김없이 싸움으로 이어져서 화선은 아예 입을 다물기로 결정했습니다. 결국 그들은 한쪽으로만 기울어진 반쪽짜리 연애를 하고 있습니다.

상대방의 의사나 욕구에는 관심이 없고 오로지 자신의 감정이나 의견만 중요시하는 사람이 있습니다. 일정부터 데이트 코스까지 모두 자기 뜻대로 밀어붙이며 상대방 입장은 전혀 존중하지 않는 것이죠. 이런 이기적인 요구를 늘 받아주기만 하면 그것을 당연하게 여기고, 결국 연애패턴으로 굳어져 변화하기가 쉽지 않습니다.

서로 사랑하는 연인 사이라면 서로의 감정에 귀 기울여야 합니다. 상대에게 자신의 의견을 말하지 못하고 속으로만 끙끙 앓고 있다면 자신의 의견을 또박또박 말하는 연습을 해보는 것도 좋습니다. 거창하거나 부담스러운 요구가 아닌 사소한 일상에서 자신의 감정이나 의사를 한마디씩 전달해보는 겁니다. 상대가 거절할까 봐 지레 겁먹고 포기하는 것보다는 자신의 의견을 표현해보고 상대가 어떻게 반응하는지를 살펴보세요. 이때 당신의

'찐' 사랑을 위한 연습

의사를 무시하고 여전히 자기 뜻대로 하려는 사람이라면 당신을 배려하고 존중하는 마음이 없을 가능성이 큽니다.

우리는 사랑받고 존중되어야 할 소중한 사람입니다. 그런데 나를 존중하지도 배려하지도 않는 사람에게 나의 시간과 에너지를 쏟아야 할까요? 나를 배려하지 않는 사람인데 왜 나는 상대를 위해 배려해야 할까요?

사랑은 상대방을 배려하고 존중하는 마음이 기본이 되어야 합니다. 기본이 없는 관계라면 과감히 손을 놓으세요. 당신을 배려하지 않고 존중하지 않는 사람과 억지로 관계를 이어가지 않았으면 좋겠습니다.

전화 한 통 할 시간도 없어?

소위 '잠수 타기'를 밥 먹듯 하는 사람과의 만남은 괴로움을 유발합니다. 연애할 때는 사랑하는 마음을 서로 주고받아야 하는데 그 마음을 주고받는 일에는 '연락'도 포함됩니다. 온종일 전화기를 붙들고 있어야 한다는 게 아닙니다. 하지만 이유도 말해주지 않고 며칠씩 연락이 끊긴다면 이는 이별의 사유가 될 수 있습니다. 피치 못할 사정이 있거나 타당한 이유라면 이해할 여지가 있습니다. 그러나 말도 안 되는 변명을 하거나 이유도 말하지 않고 잠수를 탄다면 상대방에게 마음이 없는 걸지도 모릅니다.

상대방을 사랑한다면, 그 사람이 불안해하거나 괴로워하는 모습을 마냥 지켜보거나 내버려 둘 수 없습니다. 그런데 자신으로 인해 상대가 불안해하는데도 자기 행동을 합리화하고 당연시 여긴다면 더 이상 상처받지 않도록 선을 그어야 합니다. 나를 사랑하지도 않는 사람 때문에 혼자 괴로워할 이유는 없습니다. 이런 식으로 고통과 괴로움을 주고받는 관계를 억지로 끌고 갈 필요는 없겠죠.

나는 왜
상처받고 아픈 사랑만 할까?

사랑에도 준비가 필요하다

소영은 이별이 두려워 연애를 시작하는 것조차 어려워합니다. 그녀가 처음부터 이랬던 것은 아니었습니다. 상처만 남긴 아픈 이별을 자주 경험하다 보니 더는 새로운 연애를 하는 게 두려워졌습니다. 하지만 혼자일 때 느껴지는 외로움 때문에 또다시 연애를 시작해보지만 늘 그랬듯 상처만 남는 이별을 합니다.

새로운 사람과의 연애는 늘 기대되기 마련입니다. 지난 연애는 불행했지만, 이번만큼은 다를 것이라 기대하게 되고, 새로운 사랑은 나를 행복하게 해줄 것으로 생각합니다. 새롭게 시작한 연애가 이전 연애와 비교해 만족스럽고 행복하다면 너무나도 축복받은 일입니다. 하지만 이전과 다를 것 없이 고통스럽고 힘들다면 잠시 쉬어가는 시간이 필요합니다.

단순히 물리적으로 연애를 멈추는 것이 아니라 자신을 되돌아보고 가다듬는 시간을 가져야 합니다. 사랑과 스포츠는 비슷한 부분이 있습니다. 스포츠 경기는 단순히 경기 시간에만 집중한다고 해서 좋은 결과를 얻지 못합니다. 기량을 쌓기 위해 매우 긴 시간 동안 몸을 만들고, 체력을 키우고, 연습을 반복합니다. 할 수 있는 최선의 노력을 한 후 경기에 임하죠. 경기 결과가 준비한 만큼 나오지 않을 수도 있습니다. 하지만 준비되지 않은 상태로 경기에 임했을 때와 충분히 준비한 후 경기를 치렀을 때, 다른 결과가 나타날 겁니다.

사랑과 연애도 스포츠 경기처럼 충분한 준비가 필요합니다. 나는 어떤 사람인지, 내가 어떤 방식으로 사랑해야 건강하고 행복할지 살펴본 후 사랑도 연애도 시작해야 합니다. 스포츠 선수가 충분히 준비한 후 시합에 나가듯 우리의 연애와 사랑 또한 충분한 준비 과정을 통해 기본기를 다진다면 더욱 건강하고 행복한 사랑을 할 수 있습니다.

과거와 이별해야 새로운 사랑을 할 수 있다

소원은 얼마 전 7년간의 연애에 종지부를 찍었습니다. 7년간 상대방에게 끌려다니는 연애를 하다가 결국엔 이별하고 말았죠. 소원의 연애에서 결정권자는 항상 상대방이었습니다. 모든 이별과 재회를 선택할 권리는 남자에게만 있었죠. 상대가 이별 통보를 하면 속수무책으로 당할 수밖에 없었고, 상대가 재회를 원하면 주인을 반기는 강아지처럼 기뻐하며 그에게 달려갔습니다. 그녀의 남자 친구는 조금이라도 마음이 상하면 쓰던 물건을 버리듯 소원을 매몰차게 차버렸고, 시간이 지나 아쉬운 마음이 들면 다시 소원을 찾았습니다. 소원은 남자 친구의 태도를 힘들어하면서도 더 좋아하는 처지여서 무조건 참을 수밖에 없었습니다. 그렇게 아슬아슬한 연애를 이어갔지만 썩은 동아줄은 언젠가 끊어지듯 그들의 인연도 힘없이 끊어지고 말았습니다.

그 후 소원은 과거의 기억에 갇혀 새로운 연애를 시작할 수조차 없었습니다. 새로운 연애가 시작될 기미라도 보이면 지레 겁먹고 도망치기 일쑤였죠. 상처받은 기억 때문에 새로운 만남을 두려워하고 누군가 다가오면 늘 경계하고 벽을 쌓는 것이 습관이 돼버렸습니다. 어렵게 연애를 시작해도 상대가 언젠가 자신을 버릴지도 모른다는 불안감에 시달렸습니다. 소원의 불안감은 상대의 마음을 지속적으로 확인하려는 습관으로 이어졌고, 상대방은 그녀의 집착에 지쳐갔습니다. 결국 끝은 또 상처만 남은 이별이었습니다.

과거의 상처나 고통에서 벗어나지 못하면 현재와 미래까지 불행하게 만들 수 있습니다. 과거의 기억에 갇혀 미래도 불행할 것으로 단정하는 것은 행복한 연애에 전혀 도움이 되지 않습니다. 누구나 살다 보면 상처받기도 하고 아픔을 경험하기도 합니다. 그러나 그것이 반드시 불행한 것만은 아닙니다. 상처와 아픔을 거름 삼아 쉽게 무너지지 않는 힘을 기를 수도 있습니다.

과거의 상처와 아픔을 더는 반복하고 싶지 않다면 스스로 과거에서 벗어나야 합니다. 가령 상처 난 피부를 소독하지 않고 약만 덕지덕지 바른 뒤 방치한다면 상처가 아물기는커녕 더 곪을 수 있습니다. 우리의 사랑도 마찬가지입니다. 상처받은 과거를 깨끗이 치료해야 새로운 사랑을 맞이할 수 있겠죠.

혼자가 행복해야 함께일 때 행복하다

현희는 연애를 쉬어본 적이 없습니다. 공백이 생길 기미가 보이면 기를 쓰고 어떻게든 연애 상대를 찾아냅니다. 혼자인 시간이 외롭고 견디기 힘들다는 이유로 끊임없이 연애 상대를 찾곤 하죠. 하지만 막상 연애를 해도 대단히 행복해하지는 않습니다. 오히려 상대의 사랑이 식을까 봐 불안해하거나, 자신이 기대한 만큼 사랑받지 못하면 실망하기 일쑤였죠.

그녀는 외로운 게 싫어서 끊임없이 연애를 하지만 안 하느니만 못한 연애를 할 때가 많았습니다. 현희의 적극적인 노력이 무색하게 공허함과 외로움은 채워지지 못했습니다.

혼자만의 시간을 견디지 못해서, 외로움을 참지 못해서 연애를 반복하는 것은 오히려 공허한 상황을 악화할 뿐입니다. 그 이유 중 하나는 올바른 선택을 하지 못할 가능성 때문입니다. 외로움과 공허함을 달래줄 상대를 급하게 찾다 보면 상대가 어떤 사람인지 제대로 판별할 여유가 없습니다. 내가 사랑을 주고 내게 사랑을 줄 수 있는 사람인지 판단할 시간이 없죠.

또 다른 이유는 쉴 틈 없이 연애를 하다 보니 혼자만의 시간을 견딜 수 있는 힘이 부족해집니다. 혼자 있을 땐 뭘 해야 할지도 모르고 누군가 옆에 없으면 마음이 공허해서 불안해지기까지 하죠. 혼자만의 시간을 버티기도, 즐기기도 하며 살아갈 힘을 길러야 하는데 그걸 못 견디는 셈입니다. 그러니 또다시 급하게 연애 상대를 찾고 충동적인 선택을 합니다.

혼자서도 행복한 시간을 보낼 수 있는 사람이 함께일 때도 즐겁고 행복한 시간을 보낼 수 있습니다. 늘 공백 없이 연애했지만, 알 수 없는 공허함이 사라지지 않는다면 나의 내면을 들여다보는 시간을 가져보세요. 단순히 연애 상대가 없어서 외로운 것인지 아니면 무의식 속에 해결되지 못한 마음의 응어리가 나를 외롭고 공허하게 만들었는지 생각해보는 거죠. 이런 과정을 통해 마음의 안정을 찾게 되면 혼자만의 시간도 행복할 수 있습니다.

'찐' 사랑을 위한 연습

우리 관계,
이대로 괜찮을까?

자꾸 눈치만 보는 관계

인호는 여자 친구의 기분을 잘 맞춰주며 배려하는 편입니다. 하지만 그녀는 인호의 감정을 잘 살피지 않습니다. 그녀는 화가 나거나 기분이 상하면 이유도 말해주지 않고 온종일 입을 꾹 다물고 분위기를 냉랭하게 만듭니다. 인호가 잘 달래며 이유를 물어보면 '괜찮으니까 신경 쓰지 마'라고 이야기합니다.

그녀는 화난 게 아니라고 말하지만 인호는 그녀가 신경 쓰여서 자꾸 눈치 보게 됩니다. 여자 친구는 나중에 시간이 지나고 감정이 가라앉으면 그제야 화가 나서 말을 하지 않고 인호에게 눈치 줬던 것을 인정합니다.

입을 다물거나, 잠수를 타거나, 반응을 보이지 않는 방법으로 화를 표출하는 사람이 있습니다. 표정은 이미 화가 잔뜩 났는데도 '화나지 않았다'라는 말만 반복하면서 상대방을 안절부절못하게 만들죠. 하지만 이는 그리 건강하지 못한 표현 방식입니다. 화가 났을 때 정확하게 자신의 감정을 상대에게 표현할 수 없으니 수동적인 방식으로 상대를 공격하는 겁니다. 큰 소리를 내지는 않지만 냉랭한 분위기를 조성하고, 상대를 나쁜 사람으로 몰아갑니다. 그러면 상대방은 이리저리 눈치를 보며 자신이 뭘 잘못한 건지 답답해합니다. 결국 화를 내지 않고도 상대방을 나쁜 사람으로 몰아 눈치 보게 만드는 거죠.

이런 관계는 결코 오랫동안 건강하게 유지될 수 없습니다. 수동적으로 화내는 것이 습관인 사람들은 우회적인 방식으로 상대에게 불만을 표출합니다. 우회적인 방식으로 공격당한 상대도 처음 한두 번은 참을 수 있지만 시간이 지날수록 지쳐갑니다. 분명 화가 난 것 같은데 정확히 말해주지 않으니 도무지 해결할 길이 없기 때문이죠.

'찐' 사랑을 위한 연습

결국 건강하고 신뢰감 있는 관계를 유지하려면 수동적인 방식으로 눈치 줄 것이 아니라 정확하게 감정을 표현해야 합니다. 자신의 감정을 솔직하게 표현하면 엉뚱하게 트집 잡거나 눈치 주는 일이 줄어들겠죠. 또한 상대방도 감정을 쉽게 알아차릴 수 있어 문제가 발생하더라도 수월하게 해결할 수 있습니다.

자신이 원하는 스타일을 강요하는 연인

보경은 깔끔하고 편한 패션을 추구합니다. 패션에 큰 관심도 없을뿐더러 특히 여성스러운 옷은 자신과 어울리지도 않고 불편해서 선호하지 않는 편입니다. 보경의 남자 친구인 동효는 보경과는 정반대입니다. 동효는 패션에 관심이 많고 패션 감각도 뛰어나죠. 그런 사실을 자신도 잘 알고 있는 동효는 보경의 패션에 항상 불만이 많았습니다. 보경이 좀 더 여성스러운 옷을 입어주길 바랐죠.

그래서 동효는 자신이 좋아하는 스타일의 옷을 보경에게 자주 선물했습니다. 보경은 동효의 성의를 거절할 수 없어서 한두 번

입기는 하지만 결국엔 보경만의 스타일로 되돌아오곤 했죠. 그런 보경에게 동효는 크게 화를 냈습니다. 왜 자신이 원하는 스타일로 옷을 입지 않느냐며 소리쳤습니다. 보경은 동효의 성의는 고맙지만, 자신의 스타일이 아니라서 부담스럽다고 솔직하게 이야기했습니다.

동효도 자기 의견을 굽히지 않았습니다. 패션 감각이 뛰어난 동효는 자기가 추구하는 패션이 정답이니 반드시 그렇게 입으라고 강요했습니다. 보경은 동효의 의견을 인정할 수 없었습니다. 각자만의 개성이 있고, 추구하는 바가 다른데 자신의 스타일만 강요하는 것은 옳지 않다고 생각했기 때문입니다.

자신의 스타일을 상대에게 강요하는 사람들이 종종 있습니다. 한두 번 권유하는 것까지야 큰 문제 없겠지만 지나치게 자신의 스타일만 강요하며 상대를 바꾸려 들면 이는 관계에 문제가 생길 수 있습니다.

상대의 거부에도 불구하고 자신의 스타일만을 강요한다는 건 지나친 자기애의 표현일지도 모릅니다. 자신을 우월하게 여기기 때문에 사랑하는 연인 또한 자신을 위한 상징적 존재, 혹은 자신

'찐' 사랑을 위한 연습

을 돋보이게 만드는 존재로 생각하는 거죠. 다른 사람들 눈에 자신의 연인이 대단하고 멋져 보여야 자신의 가치가 올라가기 때문에 연인의 외모에 참견할 수밖에 없는 겁니다.

주변에 불쾌감을 주는 정도가 아님에도 자신의 연인이 패션 스타일이나 외모에 집착하고 간섭한다면 속 깊은 대화를 나눠보세요. 어쩌면 곁에 있는 연인보다 자기 자신을 더 사랑하고 있을지도 모르니까요.

일거수일투족을 보고하지만 만족 못해!

기수와 선미는 서로 떨어져 있는 시간이 아까워서 동거를 시작했습니다. 늘 함께 할 수 있어서 너무 좋았죠. 동거 중에도 누구 한 명이 집 밖으로 나갈 일이 생기면 전화나 문자로 일거수일투족을 보고했습니다. 그러던 어느 날 기수가 지방발령을 받으며 그들의 동거는 막을 내렸습니다. 기수가 지방으로 내려간 후 그들의 애정은 더욱 절절해졌습니다. 기수는 선미에게 함께 살 때보다 더 자주 일거수일투족을 알려야 한다고 말했죠. 선미는 아침에 일어나서 잠자리에 들 때까지 휴대전화를 손에서 놓을 수 없었습니다. 아침에 뭘 먹었는지, 출근해서 어떤 일을 했는지, 퇴근 후에는 뭘 하는지 등 모든 일상을 공유해야 했죠. 이에 선미는 점점 지쳐갔고, 기수에게 서로 개인의 시간을 존중하자고 제안했습니다. 하지만 기수는 절대 그럴 수 없다며 단칼에 거절했습니다. 결국 기수의 뜻대로 선미는 회사 일보다 더 많은 양의 보고(?)를 해야 했습니다.

연인 간에 일상을 공유하는 건 굉장히 중요합니다. 서로의 삶을 이해하고 존중한다는 전제하에 말이죠. 하지만 어디서 무얼 하는지, 뭘 먹는지 분 단위로 보고하는 연인들이 있습니다. 이런 것들이 스트레스 요인이 아니라면 문제 될 게 없습니다. 하지만 연인을 믿지 못해서, 불안해서, 상대를 통제하려는 마음으로 일거수일투족을 알려는 경우도 있죠. 이런 관계라면 과연 행복하게 사랑할 수 있을까요?

상대방이 어디서 뭘 하는지 일일이 알아야 직성이 풀리는 심리는 무엇일까요? 연인을 믿지 못해서일지도 모릅니다. 사랑은

'찐' 사랑을 위한 연습

믿음과 신뢰가 바탕이 되어야 합니다. 그런데 늘 불안해하며 상대를 통제한다는 건 믿음과 신뢰가 없다는 뜻입니다. 이런 관계는 결코 오래 갈 수 없습니다. 늘 불안하다 보니 아무리 일거수일투족을 보고받는다 해도 신경은 예민해져 있습니다. 즉, 아무리 상대의 일상을 속속들이 안다 해도 불안감을 잠재우기는 역부족일 겁니다.

연인의 일상을 낱낱이 알려고 하는 사람이라면 자신을 한번 되돌아보세요. 막연한 불안감은 어디서부터 온 것인지, 나는 왜 이렇게 초조한 것인지 고민해보는 것만으로도 불안감을 조금씩 떨칠 수 있습니다. 또한 상대방의 시간을 적당히 존중하는 연습을 해보세요. 일거수일투족을 보고받는 게 습관이 되면 잠시의 부재도 못 견디게 될 겁니다. 하지만 서로의 생활을 존중하는 연습을 하다보면 상대의 연락에만 쏠려있던 신경이 나에게로 옮겨질 것입니다. 내 삶의 질도 나아지겠죠.

아무리 사랑하는 사이일지라도 모든 것을 공유해야 한다는 생각을 바꿔보세요. 상대를 믿고, 나를 믿고, 서로 사랑하는 마음을 믿어보세요. 더욱 깊은 사랑으로 발전할 수 있습니다.

Part4

새로운 가족이 되기 위한
연습

외로운 건 싫지만
결혼은 더 싫어

연애는 필수, 결혼은 선택

20대엔 별생각 없이 하던 연애가 30대가 되면 다른 느낌으로 다가옵니다. 연애가 결혼으로 이어질지도 모른다는 압박감이 생기는 거죠. 가족이나 주변의 시선도 달라집니다. 그들은 전후 사정보다 '결혼하지 않았다'라는 사실에만 초점을 둡니다.

사랑 하나만 보고 결혼하기에 세상은 너무 험하고 변수가 많습니다. 그렇다고 경제력만 보고 결혼한다면 삶이 삭막해질 것 같습니다. 내 인생이 걸린 문제라 정도껏, 대충, 적당히 하는 게 어렵습니다. 버티고 버티다가 결국엔 주변의 압박이나 나이에

새로운 가족이 되기 위한 연습

쫓겨 '적당한' 결혼을 선택하기도 하죠.

 돈과 사랑을 모두 갖춘 사람들도 이혼하는 걸 보면 '결혼은 결코 쉬운 일이 아니다'라는 사실을 새삼 깨닫기도 합니다. 그럼에도 사람들은 결혼을 하고, 결혼은 꼭 해야 한다고 부추깁니다. 굳이 결혼하지 않아도 멋지게 살 수 있을 것 같은데 주변에서 가만히 두지를 않습니다. 마치 인생의 숙제를 하지 못한 사람처럼 여기니 답답한 노릇이죠. 그렇다고 떠밀리듯 결혼한다면 나중에 후회할 것 같아서 걱정입니다. 이렇게 어려운 결혼, 꼭 해야 할까요?

 현우는 얼마 전 '비혼'을 결정했습니다. 그는 소위 말하는 '엄친아'라서 인기도 많지만, 결혼보다는 개인의 삶을 선택했습니다. 현우는 결혼과 행복은 별개라고 생각했습니다. 혼자서도 충분히 행복한 삶을 살 수 있으리라 확신했죠. 그렇다고 연애마저 부정하고 거부하는 건 아닙니다. 연인과 열정적으로 사랑하지만 목적이 결혼은 아닌 거죠.

 〈아모르파티〉의 가사처럼 연애는 필수, 결혼은 선택인 시대가 됐습니다. 결혼이 체질인 사람이라면 모를까, 현우처럼 결혼과 행복은 별개라는 생각을 하는 사람이라면 굳이 결혼에 목맬 필요는 없습니다. 연애의 종착지가 결혼이라는 생각을 버리고, 마음껏 연애하고 사랑하면 좋겠습니다. 마음이 맞는 사람과 교감하는 행복을 일부러 놓칠 필요는 없습니다. 마음껏 연애하다가 '이 사람과 평생 함께하고 싶다'라는 확신이 들면 그때 결혼을 결정해도 늦지 않습니다.

결혼은 도피성 선택이 아닌 가장 행복할 때 하는 선택이다

연채는 어릴 적부터 사람들과 어울리는 것을 꺼리고 혼자 있는 걸 좋아했습니다. 낯도 많이 가리고 감정을 표정으로 드러내지도 않았습니다. 사람들은 그런 연채를 '음침하다'라고 말하며 피했습니다. 연채는 성인이 되어서도 사회에 잘 적응하지 못했고, 하루하루를 외톨이로 보냈습니다.

그랬던 그녀가 드디어 사랑하는 남자를 만나게 됐습니다. 운명의 상대로 생각해 결혼까지 약속했죠. 연채는 결혼이 자신의 우울한 인생을 구원해줄 것이라고 믿었습니다. 하지만 주변 사람들은 남자를 탐탁지 않게 여겼습니다. 연채를 배려하거나 존중하지도 않았고, 생활 패턴은 게을렀으며 언행에서 폭력성이 보였기 때문이었죠. 주변의 만류에도 연채는 아랑곳하지 않았습니다.

결혼에 골인한 연채는 얼마 못 가 결혼 전보다 더 암울한 현실과 마주했습니다. 남편은 밥 먹듯 바람을 피웠고, 바람피우지 않을 때는 술을 마시거나 도박을 했습니다. 어두웠던 삶의 빛이 되어줄 거라 믿었던 사람이 연채를 더 불행하게 만들었죠. 결국 견디다 못한 연채는 짧은 결혼 생활을 끝내고 이혼을 선택했습니다.

눈앞의 고통에서 벗어나려고 도피하듯 결혼하는 사람들이 있습니다. 그렇게 한 결혼이 행복을 가져다주는 경우도 분명 있겠죠. 하지만 불안한 상태에서 내린 결정이 행복한 결과로 나타나기는 어렵습니다. 결혼은 서로를 신뢰하고 사랑하는 마음이 있어야 가능한데 불안한 마음으로 선택한 결혼은 불안정한 결과를 가져올 수밖에 없습니다.

불안한 선택을 안 하려면 상대방의 조건이 아닌 내 마음의 상태를 지속해서 들여다보아야 합니다. 현실을 피하려는 목적인지, 건강한 방식의 선택인지 고민하여 후회가 적은 선택을 해야 합니다. 뿌연 안경을 벗고 나의 상태를 정확히 보는 게 먼저입니다.

결혼이 이런 거라면
하지 말걸 그랬나봐

결혼은 현실이라더니

대우와 아연은 6년 열애 끝에 결혼 날짜를 잡았습니다. 6년간 한결같이 사랑했으니 결혼해서 더욱 행복할 것이라 생각했죠. 하지만 결혼 '과정'은 그들의 생각만큼 수월하지 않았습니다. 연애할 때는 한 번도 다툰 적 없던 그들이었지만, 결혼을 준비하는 내내 다툼이 끊이질 않았습니다. 결국 둘의 문제가 점점 가족 문제로까지 번졌고 '파혼하네, 마네' 하는 지경에 이르게 됩니다.

결혼은 한 커플의 영원한 사랑을 많은 사람 앞에서 맹세하는 큰 행사입니다. 그래서인지 결혼을 준비하는 많은 커플이 사소한 것에도 예민해져 다투기 시작했다가 큰 파장을 마주하기도 합니다. 그저 사랑하는 마음만 있으면 충분했던 연애와는 달리 결혼은 현실적으로 생각해야 하는 것들이 많아서 의견이 충돌하기 때문이죠.

흔히들 '결혼은 현실'이라는 말을 합니다. 여기서 말하는 현실은 단순히 신혼집을 구하고 혼수를 고르며 생기는 의견 충돌만을 말하는 게 아닙니다. 서로 다른 객체가 만나 가족이 되어야 한다는 사실이 '현실'인 거죠.

서로 다른 환경에서 자라고, 보고, 듣고, 배운 두 사람이 만나 한 가정을 이룬다는 것은 새롭게 태어나 새로운 세상에 다시 적응하는 과정과도 같습니다. 결혼 전에는 혼자서 쉽게 결정했던 모든 일을 함께 결정하고 배려해야 합니다. 대단한 인내심과 포용력이 필요한 일입니다. 단순히 사랑하는 감정만으로는 해결할 수 없는 다양한 문제를 해결하려는 노력이 절실한 것이 결혼입니다.

하나부터 열까지 다 안 맞아

주연과 재상은 오랜 열애 끝에 부부가 되었습니다. 리더십 있는 재상에게 반해 주연이 먼저 고백했고 4년 동안 뜨겁게 연애했습니다. 주연은 소극적인 데 반해 재상은 적극적인 성격이어서 연애하는 동안 주연이 크게 신경 쓸 일이 없었습니다. 데이트 코스부터 기념일까지 재상이 알아서 준비했기 때문이죠. 그런 재상을 보며 주연은 더없이 좋은 남편감이라고 생각했습니다. 그와의 행복한 결혼 생활을 상상했죠.

하지만 결혼하고 보니 재상의 장점이었던 성격이 그녀를 괴롭혔습니다. 결혼 전에는 남자답다고 생각했는데 결혼 후에는 무뚝뚝함으로 다가왔습니다. 또한 하나부터 열까지 챙겨주던 성격은 주연의 살림 패턴을 하나하나 지적하며 간섭하는 문제로 이어졌습니다. 이뿐만이 아니었습니다. '아침밥을 먹어야 한다, 안 먹어도 된다, 치약은 아래서부터 짜야 한다, 대충 짜도 된다, 수건은 한 번만 접어야 한다, 두 번 접어야 한다' 같은 사소한 문제로 싸움이 일어났습니다.

주연과 재상처럼 결혼 전에는 굉장한 장점이었던 배우자의 성격이 결혼 후에는 오히려 단점이 되어 다툼의 원인이 되기도 합니다. 또한 연애 시절에는 그렇게 서로를 배려하며 쿵짝이 잘 맞았지만 결혼 후에는 변기 뚜껑을 닫느냐 마느냐를 두고 싸움이 벌어지기도 합니다.

최소 20년은 다른 방식으로 살던 두 사람이 만난 거니 어쩌면 다툼이 생기는 게 당연한 일입니다. 하지만 그 다름을 인정하지 못하고 끊임없이 부딪히고 싸우다 보면 서로에게 지쳐가기 마련이죠.

결혼 생활은 서로의 다름을 존중하는 것에서 시작됩니다. 서로 다른 점을 고치려 하기보다 있는 모습 그대로 존중하고 받아들이는 연습이 필요합니다. 배우자의 생활습관은 긴 세월 동안 조금씩 다져온 나름의 역사입니다. 그 역사를 순식간에 무너뜨리기는 어렵습니다. 따라서 사랑하는 배우자의 역사를 존중하고, 서로 조금씩 양보하는 연습을 하다 보면 양보하는 게 또 다른 생활습관으로 자리잡게 될 것입니다. 양보하는 습관이 쌓이고 시간이 지나면 둘만의 역사가 될 것입니다.

맞벌이 부부의 팀워크

　기우와 은비는 맞벌이 부부입니다. 기우는 8시에 출근해서 6시에 퇴근하고, 은비는 10시에 출근해서 8시에 퇴근합니다. 아침 식사는 출근이 늦은 은비가 준비하고, 저녁 식사는 퇴근이 빠른 기우가 준비합니다. 평화로워 보이는 그들의 일과도 저녁 식사를 마친 뒤엔 전쟁으로 뒤바뀌기 일쑤입니다.

　아무렇게나 널려있는 빨랫감과 잔뜩 쌓인 쓰레기, 며칠째 건조대에 걸려 있는 옷들이 은비 눈에 띄어 거슬리기 시작합니다. 온종일 업무에 시달려 예민해진 상태에서 거지소굴 같은 집을 보고 있자니 짜증이 밀려옵니다. 결국 기우에게 '일찍 퇴근했으면 집 좀 치우고 있으면 안 돼? 왜 당신은 집안일을 남 일처럼 생각해?'라고 소리칩니다. 하지만 기우도 억울합니다. 퇴근하고 부랴부랴 돌아와서 간신히 저녁을 차려놨는데 은비가 짜증을 내니 속상합니다. 결국 가사 때문에 일어난 싸움이 감정싸움으로 번져 '네가 잘했니, 내가 잘했니' 하며 유치한 설전이 돼버립니다.

　보통의 맞벌이 부부가 그렇듯 집에 돌아오면 '가사'라는 새로운 일이 시작됩니다. 너나 할 것 없이 함께해야 하는데 서로 미루고, 내 입장만 내세우다 보니 싸움의 원인이 되곤 합니다. 한 명이 살림하고 또 한 명이 경제를 책임지는 구조라면 그나마 문제가 덜하겠지만 맞벌이 부부는 같은 처지, 같은 입장이라서 의견이 대립할 수밖에 없습니다. 서로가 조금 더 희생해서 집안일을 하는 게 가장 이상적이겠지만, 말처럼 쉽지 않습니다.

결국 맞벌이 부부가 가사 문제를 해결하기 위해서는 각자 역할을 나누고, 책임을 다하는 것이 필요합니다. 오늘은 네가, 내일은 내가 하는 게 아니라 청소 담당, 빨래 담당을 나누어 체계적이고 책임감 있게 집안일을 하는 거죠. 이때 어느 한쪽이 더 꼼꼼한 성격이라면 상대적으로 그렇지 못한 배우자의 일 처리가 답답하고 마음에 안 들 수 있습니다. 하지만 그것을 지적하거나 잔소리를 늘어놓지 않아야 합니다. 각자의 기준이 다르고, 방식도 다르기에 완성도까지 간섭하게 되면 가사일 분담의 의미가 없어지고 꾸준히 다투게 됩니다. 죽이 되든 밥이 되든 놓아두어야 합니다.

가사는 어느 한쪽이 책임질 게 아니라 '팀전'이 되어야 합니다. 축구 경기할 때 누군가는 미드필더가 되고, 누군가는 공격수

새로운 가족이 되기 위한 연습

가 되고, 누군가는 골키퍼를 맡지만 때로는 미드필더나 골키퍼가 골을 넣기도 합니다. 또한 공격수가 수비역할을 해내기도 하죠. 가사도 마찬가지입니다. 각자 맡은 일을 하다가 상대가 어려울 때 도움을 주고받아야 합니다. 그렇게 하나하나 해결해 나가는 연습을 하다 보면 완벽한 팀워크를 자랑하는 팀이 되어 있을 겁니다.

아이를
꼭 낳아야 할까?

아이 소식은 아직 없니?

병석과 경은은 20대 중반에 부부가 됐습니다. 취미와 가치관, 식성과 생활 습관 등 모든 게 완벽히 맞았던 터라 충분히 행복한 나날을 보냈죠. 그런 그들에게 딱 한 가지 문제가 있다면 바로 '아이가 없다'는 것이었습니다.

병석과 경은의 생각은 같았습니다. 아직 젊으니 커리어를 좀더 쌓고 안정적인 궤도에 올랐을 때 아이를 낳아도 늦지 않다는 생각이었죠. 하지만 양쪽 부모님 생각은 다르다는 게 문제였습니다. 결혼했고, 언젠가 아이를 낳을 거라면 한 살이라도 젊을 때

낳아야 한다는 입장이었죠.

처음엔 젊다는 핑계로 상황을 모면하던 두 사람이었지만 시간이 지나자 젊다는 말도 핑계처럼 여겨졌습니다. 시도 때도 없이 듣던 '아이 소식은 없니?'라는 질문은 언제부턴가 '무슨 문제 있는 건 아니지?'로 바뀌었습니다.

경은과 병석이 아이를 낳지 않겠다는 것은 아니었습니다. 아이를 좋아하고 낳을 생각도 있지만 단지 '지금'이 아닐 뿐이죠. 한창 일할 나이고, 지금 생활에 큰 불만이 없는데 아이를 낳으면 감내해야 할 일들을 당장은 경험하고 싶지 않았습니다. 어른들과 주변의 성화로 떠밀리듯 아이를 낳는 것도 싫었습니다.

결혼한 부부, 결혼한 지 꽤 오래된 부부라면 주변으로부터 자연스럽게 아이 관련 질문을 받게 됩니다. 아이를 낳는 것도, 낳지 않는 것도 부부의 선택이지만, 아직 우리 사회는 아이를 낳아 키우는 것을 '일반적'으로 생각하죠. 그러다 보니 아이 없이 사는 부부를 보면 한마디씩 거들며 참견을 합니다. 그러나 앞서 말한 것처럼 아이를 낳는 것도, 낳지 않는 것도, 늦게 낳는 것도 개인과 부부의 선택입니다. 주변의 성화에 못 이겨 아이를 낳았다고 한들 반드시 행복하리란 보장은 없죠. 신중하게 결혼을 선택하듯 아이를 갖는 것 또한 신중한 선택이 되어야 합니다. 특히 자발적 선택이 아닌 주변의 압박에 못 이겨 아이를 낳았을 때를 생각해보세요. 아이로 인해 더할 나위 없이 행복하다면 다행이지만, 행여나 원치 않은 불행이 닥쳤을 때 그 원망은 누구에게 갈까요?

출산은 일생일대의 중대사입니다. 주변의 성화와 압박으로 무턱대고 아이를 낳아 억지로 하는 육아가 도대체 누구를 위한 것일까요? 적어도 아이를 낳기 전에는 '우리가 부모로서 준비가 되어있는지, 아이에게 어떤 부모가 될 것인지, 아이를 건강하고 행복한 사회의 일원으로 키울 수 있을지' 등을 고민하고 합의해야 합니다. 부모가 행복해야 아이가 행복하다는 말이 있습니다. '아이를 낳는 것'에만 목적을 두기 보다는 '아이가 어떻게 하면 건강하고 행복하게 살 수 있을까'를 충분히 고민하고 준비해야 합니다. 주변의 말에 휘둘려 너무 서두르지도, 너무 초조해하지도 않았으면 좋겠습니다. 우리의 목적은 단순히 아이를 낳는 것이 아니라 아이와 함께 건강하고 행복하게 사는 것이니까요.

대한민국에서 딩크족으로 산다는 건

승민과 미아는 3년 차 딩크족입니다. 결혼 전엔 둘 중 누구도 딩크족이 되리라고 생각하지 않았죠. 그런데 결혼 후 2년쯤 지나자 주변에서 아이 소식을 물어오기 시작했습니다. 승민과 미아는 그제야 출산과 육아를 진지하게 고민했습니다.

승민과 미아는 30대가 되면서 각자의 위치에서 자리를 잡아가고 있었습니다. 또한 여가 시간엔 취미활동과 동호회에 참여하며 충분히 바쁘고 행복한 시간을 보내고 있었죠. 그들은 아이를 낳으면 포기해야 하는 것과 얻는 것을 신중하게 고민했습니다. 각자의 취미활동뿐만 아니라 현실적인 면까지 차근차근 생각해야 했죠.

그 결과, 승민과 미아 모두 일을 포기하는 걸 원하지 않았습니다. 취미나 대인 관계도 마찬가지였죠. 또한 둘이 벌어 둘이 쓰기에는 부족함 없는 수입이었지만, 아이가 생기면 한 사람은 일할수 없으니 생활이 빠듯해질 게 뻔했습니다. 두 사람은 오랜 시간 고민하고 대화한 끝에 현재의 행복을 선택하기로 했습니다.

하지만 문제는 주변의 곱지 않은 시선과 부모님들의 걱정이었습니다. 주변에서는 결혼하고도 아이는 안 낳는 둘을 이기적인 사람 내지는 철없는 사람으로 치부했고, 집안 어른들은 문제가 있으면 병원엘 가라며 딩크 선언을 인정하지 않으셨죠. 그게 끝이 아니었습니다. 주변 사람들은 승민과 미아를 볼 때마다 '아이를 낳으면 세상이 달라진다, 네 아이는 예쁘다, 자식이 주는 행복을 꼭 느껴봐야 한다, 아이가 있어야 부부 사이가 좋아진다'며 출산과 육아를 종용했습니다.

승민과 미아는 누구보다 아이들을 예뻐하고 좋아했습니다. 내 아이가 아닌데도 보고 있으면 행복한데, 내 아이가 있으면 더 행복할 것이라는 걸 그들도 잘 알고 있었죠.

하지만 그들은 현재 생활에 충분히 만족하고, 혹시 나중에 후회할지라도 그 또한 본인들 몫이라고 생각했습니다. 아이들을 사랑하고 예뻐하지만, 그들은 부모로 살기보다는 부부로 살겠노라 선택한 거죠.

우리 사회는 여전히 결혼과 출산을 연결지어 생각하고, 그것을 당연하게 여기는 사람들도 많습니다. 그러나 결혼이 선택이듯 출산 또한 각자의 선택이 될 수 있습니다. 그 선택의 무게와 책임 또한 그들의 몫이므로 각자의 선택을 존중할 필요가 있습니다.

새로운 가족이 되기 위한 연습

금쪽같은 내 새끼

양육방식은 다르지만 사랑하는 마음은 같다

서준과 세경은 시험관시술을 통해 아들을 얻었습니다. 어렵게 얻은 자식인 만큼 애지중지 키웠고, 아이가 3살이 될 무렵부터 훈육을 시작했습니다. 서준과 세경 모두 교육에 대한 열의가 대단했기에 훈육방식을 두고 의견이 부딪혔습니다.

서준은 아이가 말귀를 어느 정도 알아들으니 옳고 그름을 제대로 엄하게 가르쳐야 한다는 생각이었고, 세경은 아이가 알면 얼마나 알겠냐며 부드럽게 달래고 타일러야 한다고 주장했습니다. 둘은 서로의 교육방식이 틀렸다고 생각했습니다. 서준으로선 세경이 아이를 너무 버릇없게 만드는 것 같았고, 세경은 서준이 아이를 너무 억압한다고 생각했습니다. 그들은 좁혀지지 않는 의견을 두고 매일매일 팽팽히 맞섰습니다. 어른들의 일관성 없는 교육방식이 아이를 망칠 것 같아 불안했지만 잘못된 방향으로 아이를 키울 수 없다는 생각에 자기 의견을 굽히지 않았습니다.

아이를 키우면서 서로 다른 방식과 수단으로 갈등을 겪기도 합니다. 서로 다른 환경에서, 다른 교육을, 다른 방식으로 받던 남녀가 만나 부부가 되므로 서로의 양육방식이 다른 것은 당연한 일입니다. 어느 한쪽이 '맞다, 틀리다'고 할 수도 없습니다. 방식이 다를 뿐 아이를 사랑하는 마음이 다른 것은 아닙니다. 서로 가고자 하는 방향은 같지만 자가용을 탈 것인지, 기차를 탈 것인지와 같이 수단이 다른 겁니다.

서로 대화를 통해 적절한 방향을 찾는다면 참 좋겠지만, 그럴 수 없다면 서로의 다름을 인정하고 존중하는 연습이 필요합니다. 교육관은 서로 다르지만 부부가 아이를 사랑하는 마음, 나아가고자 하는 방향이 같음을 잊지 말고 서로 조금씩 조율해 나가는 과정이 중요합니다. 그러기 위해서는 각자의 방식이 절대적으로 옳다는 생각에서 벗어나 서로의 이야기를 처음부터 끝까지 반박하지 않고 들어주는 연습을 해보세요. 왜 그런 생각을 했는지 이해하고, 조금씩 타협해 나가는 과정이 중요하니까요.

눈치 보이는 손주 육아

김순자 씨는 맞벌이인 큰아들 내외를 대신해 손자 지훈을 돌봐주고 있습니다. 첫 손자이다 보니 무한한 애정만 주며 유리를 다루듯 키웠습니다. 동창 모임이든 동네 산책이든 늘 데리고 다니며 지훈이 원하는 것을 모두 들어줬죠. 지훈이도 할머니의 지극한 사랑을 아는지 할머니만 졸졸 쫓아다니는 껌딱지가 됐습니다.

하지만 어느 순간부터 순자 씨는 손자와의 시간이 마냥 행복하지만은 않아졌습니다. 순자 씨는 지훈이를 사랑하는 마음에 아이가 조금 버릇없이 굴어도 '오냐오냐'하며 받아주곤 했습니다. 하지만 이를 본 아들과 며느리는 버릇 나빠진다며 순자 씨의 양육방식을 지적했죠. 순자 씨는 손주를 봐주고도 좋은 소리는

커녕 욕만 먹는 것 같아 서운함을 감추지 못했습니다.

손주의 탄생은 자식의 탄생과는 또 다른 기쁨을 안겨줍니다. 정작 자식을 키울 때는 먹고살기 바빠 온전히 사랑을 주지 못했지만 손주는 또 다릅니다. 자식을 키울 때보다 몸과 마음의 여유가 생겨서 자식에게 다하지 못했던 사랑을 손주에게 쏟아내죠. 하지만 아무리 사랑하는 손주일지라도 전적으로 아이를 돌보게 된다면 또 다른 문제가 발생합니다. 바로 조부모와 부모의 양육 방식에서 오는 갈등입니다.

아이를 친정 부모님이나 시부모님께 맡겨야 한다면 고마운 마음을 먼저 전한 후 자신들의 육아방식을 제안하는 것이 좋습니다. 부모님의 육아방식이 마음에 안 든다고 해서 무조건 틀렸다고 말하는 것은 갈등을 더욱 조장할 뿐입니다. 또한 조부모도 자식들의 이야기를 수용하려는 자세가 필요합니다. 손주를 진정으로 사랑한다면 자신의 육아법만 고수하기보다 아이의 부모인 자식들의 이야기에도 귀 기울여야 합니다.

아이를 맡기는 자식이나, 아이를 돌보는 부모는 서로 다른 시대를 살아왔기 때문에 양육방식과 가치관이 다를 수밖에 없습니다. 누가 맞고, 누가 틀렸다고 할 수도 없습니다. 다만 아이를 맡기는 부모도, 아이를 돌봐주는 조부모도 서로 이해하고 타협하는 과정은 꼭 필요합니다.

아빠(엄마) 없는 아이라고 손가락질 받을까 봐

정하는 어린 나이에 결혼했다가 남편의 폭력성을 견디다 못해 결국 이혼을 선택했습니다. 그녀는 이혼을 결정하기까지 수천 번 이상을 고민했습니다. 아이 때문이었죠. 아이가 자라면서 아빠 없는 아이라고 놀림당할까 봐 쉽게 결정할 수 없었습니다. 하지만 아이 때문에 남은 인생을 폭력적이고 이기적인 남자와 살 수도 없었습니다. 그런 아빠 밑에서 자라는 아이에게도 상처가 될 것 같았습니다.

그녀는 자신의 선택을 책임지기 위해 부단히 노력했습니다. 도와주는 사람 하나 없이 혼자서 경제를 책임지며 육아까지 하는 게 녹록지 않았죠. 특히 아이가 아프기라도 하면 모든 게 자기 탓인 것 같아 자책했습니다.

아이가 자랄수록 싱글맘의 한계가 보이는 듯했습니다. 아이가 유치원에 다니기 시작하면서 아빠라는 존재를 궁금해했고, 아빠가 없다는 사실을 어떻게 말해줘야 할지 막막했죠. 또한 아이에게 아빠 역할까지 해주어야 한다는 부담감에 늘 가슴이 답답했습니다.

혼자서 아이를 키운다는 것은 물리적, 심리적으로 굉장한 부담과 스트레스가 동반됩니다. 부부가 함께 아이를 키우는 것도 힘든데, 모든 것을 혼자 책임져야 하니 그럴 수밖에요. 무엇보다 아이에 대한 죄책감이 싱글맘과 싱글대디들의 마음을 괴롭힙니다. 때로는 아이에게 피해를 줄까 봐, 또는 스스로 당당하지 못해서 싱글맘, 싱글대디라는 사실을 감추기도 합니다. 그리고 세상 사람들과의 소통을 차단하기도 하죠.

혼자서 아이를 키운다고 과도하게 죄책감을 느끼거나 세상에 당당하지 못할 이유는 전혀 없습니다. 오히려 칭찬받아 마땅한

새로운 가족이 되기 위한 연습

훌륭한 엄마, 아빠죠. 혼자서 귀한 생명을 길러내는 책임감 투철한 엄마이자 아빠라는 사실에 자신감을 가졌으면 합니다.

또한 아이와 자신을 고립시키지 말고, 더 많이 소통해야 합니다. 모든 책임을 혼자 끌어안고 동동거리기보다 어려울 때 도움을 주고받을 수 있는 인연을 만드는 것도 중요합니다. 누군가에게 도움을 청하는 건 민폐가 아니라 함께 갈 동지를 만드는 것입니다. 육아의 고충이나 스트레스를 이야기하고 나눌 수 있는 존재가 있다는 사실만으로도 든든한 버팀목이 될 테니까요.

육아 스트레스는
피할 수 없다?

아이가 생기면 모든 것을 포기해야 하는 줄 알았다

현지의 직업은 승무원입니다. 얼마 전 오래 사귄 남자 친구와 결혼까지 해서 행복한 나날을 보내고 있었죠. 2~3년은 더 신혼을 즐기며 차곡차곡 커리어를 쌓을 계획이었습니다. 그런데 계획에 없던 아이가 덜컥 생긴 게 문제였습니다. 남편은 뛸 듯이 기뻐했지만, 현지는 갑자기 찾아온 아이가 마냥 달갑지만은 않았습니다. 한창 커리어를 쌓아도 모자랄 시기에 육아를 해야 한다고 생각하니 눈앞이 캄캄했죠. 하지만 어쩔 도리가 없어서 휴직을 결정했습니다.

아이가 태어나니 마치 현지의 삶이 사라진 듯했습니다. 아이는 너무 예쁘고 사랑스러웠지만 끝도 없는 육아로 점점 지쳐갔습니다. 동료들은 세계를 누비며 커리어를 쌓아가고 있는데 자신은 집안에서 아이만 보고 있는 현실이 답답하기만 했습니다. 물론 자신이 선택한 일이었지만 허무함과 답답함이 현지의 마음을 괴롭혔습니다.

한창 커리어를 쌓을 시기에 육아를 위한 휴직이나 퇴직을 해야 한다면 큰 아쉬움이 생깁니다. 영영 돌아가지 못할까 봐 겁도 나고, 다시 돌아가더라도 이전의 능력치를 발휘할 수 있을지 의문이 생깁니다. 또한 자신은 육아를 하는 동안 승승장구하는 동료들을 보면 불안하고 초조합니다. 점점 자신이 무가치한 존재가 되는 것 같아 스트레스는 더욱 가중됩니다.

보통 '아이 때문에' 커리어를 포기한다고 말합니다. 이 말이 사실일지라도 아이를 위해 내 커리어를 포기했다는 생각은 자존감과 자신감을 떨어뜨립니다. 앞으로 나아갈 힘마저 잃게 만들죠.

그런데 아이를 잘 키우는 것도 굉장히 가치 있는 일입니다. 어쩌면 커리어를 쌓는 것보다 아이를 잘 키우는 게 더 중요한 일일지도 모릅니다. 그러니 커리어를 포기해 무가치한 사람이 된 게 아니라, 육아라는 더 큰 가치를 선택한 것임을 잊지 않았으면 합니다. 아이를 키우는 일은 내 인생을 포기한 것이 아니라 인생에서 더욱 가치 있는 일을 찾은 것이죠.

자꾸만 아이에게 화내는 내가 싫다

진아는 쌍둥이를 키우는 엄마이자 어린이집 선생님입니다. 온종일 아이들을 돌보고 집에 와서도 자신의 아이들과 씨름해야 합니다. 같은 배에서 한날한시에 태어났지만 두 아이는 똑같은 구석이 하나도 없습니다. 한 명은 어디로 튈지 모르는 천방지축이라 늘 노심초사해야 하고, 또 한 명은 예민하고 여려서 작은 일에도 매일 눈물 바람입니다. 두 아이를 돌보는 것보다 어린이집에서 여러 명의 아이를 한 번에 돌보는 게 더 쉽다는 생각마저 듭니다.

진아는 쌍둥이가 크고 작은 사고를 칠 때면 자신도 모르게 화가 나서 고함부터 지릅니다. 결국 아이들을 울리고 나서야 '좀 더 부드럽게 말할 걸…' 후회합니다.

누구나 아이에게 부모의 멋진 모습만 보여주고 싶어 합니다. 그러나 아이를 키우다 보면 멋진 모습보다는 우왕좌왕하다가 폭발하는 모습만 보여주기 일쑤입니다. 아이에게 화내면 안 된다는 걸 알지만 자신도 모르게 욱하고 말죠.

아이를 혼냈다고 후회하고 자책할 필요는 없습니다. 부모도 인간이고, 감정이 있습니다. 말 안 듣는 아이, 밥 안 먹는 아이, 돌아다니며 어지르는 아이 등 부모를 화나게 하는 요인은 사방에 깔려있습니다. 쫓아 다니며 타이르고 달래고 치우다 보면 나도 모르게 분노가 터져 나올 수 있습니다. 다만, 그것이 습관이 되어 매사에 화를 내고 아이에게 폭력적인 언행을 일삼는다면 문제가 되겠죠.

오늘도 아이에게 화를 냈다면 후회하고 자책하기보다는 그런 자기 모습을 되풀이하지 않기 위해 노력하면 됩니다. 자책한들 이미 엎질러진 물입니다. 그러니 또 같은 후회를 반복하지 않도록 과거의 내 모습을 반성하는 것이 중요합니다.

아이는 부모의 감정을 먹고 자란다

채령은 첫째 아이를 낳은 후 이유 없이 짜증나고 무기력했습니다. 출산 후에도 들어가지 않은 배, 얼굴을 뒤덮은 기미, 횅해진 머리카락을 보고 있으면 우울함이 밀려왔죠. 스스로 감정을 통제하지 못해서 곁에 있던 남편에게 불똥이 튀곤 했습니다.

부정적인 감정이 가득 쌓여 있으니 아이를 돌볼 때도 화를 주체하기 힘들었습니다. 채령은 자신의 감정이 아이에게 전해질까 봐 두려웠지만 어쩔 도리가 없다고 생각했습니다.

부모의 부정적인 감정은 걷지도 못 하고 말귀도 못 알아듣는 아이도 충분히 느낄 수 있습니다. 아이는 부모의 거울이라는 말은 단순히 생물학적으로 닮았다는 이야기가 아니라 부모의 감정, 성격, 생활 방식 등을 물려받았다는 의미입니다.

부모가 부정적인 감정을 갖고 있다면 자연스럽게 말과 행동으로 연결됩니다. 말과 행동이 쌓이면 습관이 되고, 그런 습관을 갖고 하루하루 살다 보면 인생이 되겠죠. 즉 부모의 감정은 부모의 인생이 되고, 부모의 거울인 아이의 인생이 되기도 합니다.

그래서 부모가 행복해져야 합니다. 부정적인 감정으로부터 자유로워지고, 씩씩하고 긍정적으로 살아가는 모습을 보여줘야 아이도 긍정적인 사람으로 성장할 수 있습니다. 그러니 단순히 아이를 키우는 것에만 집중하지 말고 행복한 아이로 성장시키는 것에 목적을 두세요.

아이의 행복을 위해, 나의 행복을 위해 지금 당장 변화를 시도해보세요. 무엇이든 좋습니다. 책을 읽기도 하고, 때로는 다 내려놓고 휴식을 취하기도 하고, 맛있는 음식을 먹는 것도 좋습니다. 대단한 걸 하기보다는 사소한 행복을 자주 느끼려고 노력해보세요. 사소한 행복이 습관으로 쌓여 결국 나와 아이의 인생이 될 테니까요.

워킹맘은
슈퍼우먼이 아니다

워킹맘은 죄인이 아니다

래연의 아침은 날마다 전쟁입니다. 아침마다 울고불고 매달리는 아이를 떼어놓고 출근해야 하는 워킹맘이기 때문이죠. 이제 세 살이 된 아이는 친정 부모님이 사랑으로 돌봐주고 있지만 래연은 항상 마음이 무겁습니다. 한창 엄마의 손이 필요한 시기에 아이와 함께 시간을 보내지 못하는 현실이 마음 아픕니다. 부모님께도 늘 죄송스럽긴 마찬가지입니다. 노후를 편하게 보내야 할 시기에 손주를 돌보느라 고생하시는 것 같아 죄책감이 듭니다.

래연이 일하는 이유는 경제적인 것보다 본인의 성취감을 위해서였습니다. 아이도 중요하지만 자기 일도 소중했기에 두 마리 토끼를 모두 놓치고 싶지 않았던 거죠. 그런데 워킹맘으로 살수록 자신의 선택이 옳은지, 그른지 판단하기 어려웠습니다. 늘 아이와 부모님, 그리고 남편에게 미안한 마음이 들었기 때문이죠.

워킹맘이 가장 힘들어하는 건 아이와 가족에 대한 미안함입니다. 결혼 전에는 당연하게 했던 일이고 직업인데, 아이를 낳으면 상황이 달라집니다. 육아에 전념하지 않으면 이기적인 엄마, 냉정한 엄마로 비춰지기도 합니다. 그러니 늘 마음이 불편합니다.

그러나 죄책감으로 자신을 괴롭히지 않았으면 합니다. 워킹맘은 죄인이 아니라 훌륭한 어머니입니다. 자신의 커리어도 포기하지 않고, 아이 또한 잘 길러내는 1인 2역을 하고 있으니까요. 다른 사람의 도움을 받아 육아하는 걸 미안해할 필요도 없습니다. 죄책감 대신 감사한 마음만 가지면 됩니다.

무슨 부귀영화를 누리겠다고

하영은 고객과의 미팅 장소로 가던 중 어린이집으로부터 전화한 통을 받았습니다. 아이가 고열과 구토 증세가 있다는 말에 눈앞이 캄캄해졌죠. 당장 10분 후 미팅이라서 아이에게 갈 수 없었던 하영은 남편에게 전화를 걸었습니다. 하지만 남편도 일이 바빠 전화를 받지 않았죠. 결국엔 한의원에서 치료를 받던 하영의 어머니가 부랴부랴 어린이집으로 달려갔습니다.

하영은 미팅 내내 아이 걱정으로 대화에 집중할 수 없었습니다. 미팅을 마치고 헐레벌떡 집에 도착하니 아이는 잠들어있었고, 하영을 다독이는 어머니를 보자 눈물이 쏟아졌습니다. 무슨 부귀영화를 누리겠다고 워킹맘을 선택한 것인지 회의감이 들었죠.

아이가 아프거나 크고 작은 사고라도 나면 부모들은, 특히나 워킹맘은 모든 게 자기 때문인 것 같습니다. 아이도 제대로 돌보지 못하면서 무슨 직장 생활을 하겠다는 건지. 온갖 부정적인 생각이 머릿속을 맴돌죠. 하지만 엄마가 워킹맘이든 전업주부든 아이들은 자라면서 한 번쯤은 아프기 마련입니다. 그러니 내가 워킹맘이라 아이를 제대로 돌보지 못해서라는 생각은 하지 않아도 됩니다.

전업주부도 육아를 완벽하게 한다는 건 불가능에 가깝습니다. 하물며 일하는 워킹맘은 오죽할까요? 그러니 완벽하지 못한 자신을 탓하기보다는 응원해주고, 위로해주세요.

완벽주의 워킹맘의 늪

민주는 아침 일찍 아이를 어린이집에 데려다주고 회사에 출근해 온종일 일합니다. 퇴근하면 어린이집에 들러 아이를 데리고 집으로 돌아옵니다. 아이를 씻기고, 저녁 준비를 하다 보면 남편이 퇴근합니다. 저녁을 먹은 뒤에는 설거지를 하고, 청소기를 돌립니다. 그사이에 씻고 나온 남편은 빨래를 갭니다. 밀린 집안일을 끝내고 아이를 겨우 재우고서야 한숨 돌리는 민주. 소파에 앉아 주위를 둘러보는데 남편이 개 놓은 빨래가 보입니다. 개 놓은 모양새가 영 마음에 들지 않습니다. 민주는 남편이 개 놓은 빨래를 풀어 다시 개기 시작합니다.

워킹맘은 일도, 육아도, 살림도 완벽하게 해내는 슈퍼우먼이 되어야 할 것 같습니다. 모든 일을 자기 손으로 직접 해야 하고 남이 해놓은 일 처리가 마음에 안 들면 다시 해야 직성이 풀립니다. 이미 충분히 잘하고 있음에도 완벽을 추구하려고 하죠. 하지만 완벽해야 한다는 생각도, 완벽히 하려는 의지도 버려야 합니다. 워킹맘이기 때문에 더 잘해야 한다는 부담감과 완벽해야 한다는 강박감이 워킹맘을 더욱 고되게 만드니까요.

워킹맘은 슈퍼우먼이 아닙니다. 아이를 키우며 일하는 평범한 사람일 뿐이죠. 그러니 완벽해야 한다는 부담감으로 자신을 괴롭히지 않아도 됩니다. 집안일이 조금 밀려있어도 혼자 해내려 하지 마세요. 남편이 개 놓은 빨래가 어설퍼도 그냥 둘 수 있는 여유가 필요합니다.

며느리는
진짜 자식이 될 수 없다

어머니, 며느리도 자식이라면서요?

희진은 결혼 전부터 시어머니와 사이가 좋았습니다. 친정에서 반찬을 만들면 시어머니 몫까지 살뜰히 챙겼고, 시어머니가 병원이나 시장에 가야할 땐 늘 희진이 동행했습니다. 예비 시어머니는 그런 희진에게 '딸보다 낫다'며 결혼 후에도 딸처럼 아끼고 사랑해주겠노라 말씀하셨죠.

하지만 결혼 후 시어머니의 태도는 180도 달라졌습니다. 하루가 멀다 하고 신혼집에 찾아와 냉장고를 열어보거나, 침실을 드나들며 사소한 것까지 간섭하셨죠. 남편에게 매일 아침 갓 지은

밥과 국을 차려줘라, 셔츠는 매일 빨아서 다려줘라, 바깥일에 집중할 수 있도록 도와라…. 처음에는 희진도 시어머니가 아들을 사랑하는 마음이 커서 그런 것으로 이해했습니다. 하지만 시간이 지날수록 시어머니의 지나친 행동에 점점 지쳐갔습니다.

시어머니는 전업주부인 희진을 못마땅하게 여겼습니다. 밤이고 낮이고 불쑥 찾아와 희진을 구박했죠. 내 아들 등골을 빼먹는다는 둥, 집에서 놀며 어디에 돈을 그리 쓰냐는 둥 마음을 할퀴는 말을 스스럼없이 했습니다. 참다못한 희진이 반박이라도 하면 친정에서 그렇게 배웠냐는 막말을 하며 더 크게 화를 냈습니다.

세상엔 며느리를 아끼고 사랑해주는 시부모님이 있는가하면 희진의 시어머니처럼 지나치게 간섭하는 시부모님도 있습니다. 이럴 때 무작정 참거나, 무작정 맞받아치는 것은 상황을 더욱 악화시킬 뿐입니다. 시부모님의 지나친 언행이 계속된다면 불편한 감정만 솔직하게 전달하는 것이 필요합니다. '어머니는 왜 그렇게 말씀을 못되게 하세요'라고 비난하기보다는 '어머니, 등골 빼먹는다는 말씀은 굉장히 상처가 되네요'라는 말로 나의 감정을 전달하는 연습을 해보세요.

새로운 가족이 되기 위한 연습

물론 시어머니가 바로 수긍하고 사과하는 걸 기대할 수는 없을 겁니다. 그러나 상황을 더 악화시키지 않고, 불편한 감정을 충분히 전달할 수는 있습니다. 마냥 참거나 비난하는 것보다는 내가 느낀 불편한 감정만 있는 그대로 담백하게 전달해보세요.

우리 엄마 그런 사람 아니야

참다못한 희진은 고민 끝에 남편에게 모든 이야기를 털어놓았습니다. 그런데 남편의 반응이 아주 놀라웠습니다. 오히려 희진을 다그치며 '우리 엄마는 절대 그럴 사람이 아니야'라고 말했던 겁니다. 희진은 기가 막혔습니다. 덮어놓고 시어머니 편을 드는 남편이 야속했습니다.

고부갈등이 생겼을 때 남편의 역할은 매우 중요합니다. 무작정 부모의 편만 들어서도, 무작정 부인의 편만 들어서도 안 됩니다. 두 사람 사이에서 적절히 가교 역할을 해야 하는데, 많은 남편이 적절함의 기준(?)을 몰라 난감해하죠.

부인이 부모님에 대해 불편함을 호소하면 묻지도 따지지도 않고 '우리 엄마는 그럴 사람이 아니야'라며 펄쩍 뜁니다. 반대로 부모님이 며느리에게 서운한 점을 이야기하면 곧이곧대로 부인에게 전달해서 화를 키우는 남편들도 있죠.

고부간의 갈등이 있을 때 남편이 할 일은 부인의 이야기를, 부모님의 이야기를 가만히 귀 기울여 들어주는 겁니다. 우리 엄마는 그럴 사람이 아니라는 둥, 며느리 좀 그만 괴롭히라는 둥 필요없는 말을 해서 대화를 단절하고 관계를 악화시키지 말고 그냥 들어주면 됩니다. 부모님과 부인의 말을 잘 들어주기만 해도 부모님과 부인의 감정이 가라앉고, 너무 심하게 말한 건 아닐까 반성도 하게 됩니다. 또한 자기 말을 묵묵히 들어주는 사람이 있으면 힘들더라도 견뎌낼 힘이 생깁니다.

때리는 시어머니보다 말리는 시누이가 더 밉다더니

다영은 시어머니 생신 때 남편과 함께 시댁에 갔습니다. 생신

하루 전에 도착해서 다음 날 아침에 끓일 미역국 재료를 손질했죠. 재료 손질을 해놓았으니 6시쯤 일어나면 충분할 것으로 생각했습니다. 그런데 시어머니가 새벽 4시부터 당신 생일상을 직접 차린 겁니다. 다영이 황급히 부엌으로 갔을 땐 이미 상은 다 차려진 상태였죠. 결국 다영은 의도치 않게 시어머니 생신상을 차리지 못 했습니다. 시어머니는 괜찮다고 말했지만 다영의 마음은 편할 리가 없었죠.

시댁에서 집으로 돌아오자 문제가 터졌습니다. 사실을 알게 된 시누이가 다영의 남편에게 전화해 노발대발한 것입니다. 시어머니 생신상을 시어머니가 직접 차리게 하고 밥상을 홀랑 받아먹기만 한 배은망덕한 며느리라는 겁니다. 시누이는 거기에서 그치지 않고 다영에게 직접 전화해 큰소리를 냈습니다. 상처받은 다영이 전화를 끊고 속상해하자 보다 못한 남편이 시누이에게 경고를 날렸습니다. 행복해야 할 시어머니 생신은 집안싸움이라는 상처만 남겼습니다.

시어머니보다 더 무서운 시누이라는 말이 있습니다. 명절에 소파에 누워 입으로 일하는 유형, 사사건건 참견하는 유형, 조언을 가장해 악담을 퍼붓는 유형 등. 어떤 유형을 만나게 될지는 결혼 전까지 모릅니다.

어떤 유형을 만나든, 필요 이상으로 간섭하고 잔소리하는 시누이라면 한 번쯤은 단호하게 자신의 생각을 말해보세요. 중요한 건 시누이를 비난하거나 감정적으로 대하지 말고 선을 넘은 부분만 말하는 게 중요합니다.

가족이라는 이유로 아무렇지도 않게 선 넘는 발언을 하거나 무례한 행동을 해서도 안 되지만, 그걸 무작정 참고 견딘다고 해서 문제가 해결되지도 않습니다.

새로운 가족이 되기 위한 연습

이혼은
실패가 아닌
새로운 시작

이혼하고 싶지만 이혼할 수 없어

　은세는 결혼을 준비하던 중 예비 신랑의 폭력적인 모습을 처음 목격했습니다. 말다툼 중 언성이 높아지자 은세의 뺨을 때리고 목을 조른 겁니다. 하지만 이내 무릎을 꿇고 눈물을 철철 흘리며 사과했고, 은세는 결혼식을 코앞에 두고 일을 크게 만들고 싶지 않아 용서하기로 했습니다. 연애하는 동안 한 번도 그런 모습을 보여준 적이 없었고, 앞으로는 절대 그러지 않겠다고 했으니 믿어보기로 한 거죠.

그러나 그의 약속은 지켜지지 않았습니다. 결혼 후에도 다툴 때마다 은세에게 손찌검하며 폭언을 퍼부었던 거죠. 은세는 진작 파혼하지 않은 걸 후회했습니다. 이제 와서 이혼하자니 16개월 된 아이가 마음에 걸렸습니다. 은세는 결국 아이를 핑계로 지옥 같은 결혼 생활을 이어갔습니다.

많은 사람이 이혼할 이유가 충분한데도 다양한 이유를 들어 이혼을 망설입니다. 아이들이 상처받을까 봐, 경제적으로 준비가 안 돼서, 마음의 준비가 안 돼서, 다들 그렇게 사니까 등 이혼하지 못하는 이유가 너무 많습니다. 만약 배우자가 개선의 여지가 있다면 최대한 타협해보는 것도 좋은 방법입니다. 그러나 폭력 같은 심각한 문제는 타협을 논할 일이 아닙니다. 폭력적인 가정이라면 결혼 생활을 유지하는 게 이혼하는 것보다 더 큰 불행일지도 모릅니다. 아이가 아빠 없이 자라는 것이 나을까요, 폭력적인 아빠 밑에서 자라는 것이 나을까요?

새로운 가족이 되기 위한 연습

이제 아무도 만나고 싶지 않다

윤희는 어린 나이에 결혼했다가 6년 전에 이혼했습니다. 전남편의 폭력과 의처증에 시달리다가 겨우 이혼하고는 10살 된 아들과 살고 있죠. 주위에서는 이제 연애도 하며 행복을 찾으라고 하지만, 마음의 상처가 깊은 윤희는 요지부동입니다.

그러나 철옹성 같던 그녀에게도 새로운 사랑이 찾아왔습니다. 전남편과 달리 자상하고 믿음직스러운 남자를 만나게 된 거죠. 하지만 남자를 사랑하는 마음이 커질수록 걱정이 앞섰습니다. 아들에게 이 남자를 소개시켜도 될지, 좋은 아빠가 될 수 있을지, 이전의 불행이 반복되진 않을지 고민되었습니다. 누구에게 말도 못 하고 혼자 끙끙 앓으며 고민하던 윤희는 결국 짧은 연애를 마치고 이별을 선택했습니다.

이혼을 경험한 사람이라면 새로운 사람을 만나는 게 특히 두려울 수 있습니다. 윤희처럼 과거의 불행이 먼저 떠올라서 지레 겁먹고 포기하는 경우도 있습니다. 그러나 일어나지도 않을 일을 미리 걱정하기보다는 본인의 마음에 충실했으면 합니다.

자신의 연애를 마치 아이에게 새로운 가정을 만들어줘야 하는 미션처럼 생각하거나, 결혼과 결부시킬 필요는 없습니다. 당장의 감정이 이끄는 대로 마음을 주고받으며 연애하다가 서로 맞지 않으면 관계를 끝내고, 잘 맞으면 한 뼘 더 가까운 사이로 발전하면 그만입니다.

그러니 서로 사랑하는 마음만 있다면 그 마음을 충분히 주고받으며 용기 있는 연애를 했으면 좋겠습니다.

한번 다녀왔습니다

시윤은 3개월 전에 이혼을 하고 주변 사람들의 시선이 부담스러워서 연락도 만남도 피하며 고립을 자처했습니다. 그러다 보니 점점 외톨이가 되어갔죠. 그런 시윤을 안타깝게 여긴 친구들이 밖으로 불러내 봤지만 시윤은 친구들조차 경계하며 점점 멀리했습니다. 사람들은 시윤에게 '요즘에 이혼은 흠도 아니다'라며 위로하지만, 시윤은 그런 말조차 모순으로 들립니다. 말로는 자기를 위로하지만 시선은 예전 같지 않다고 느꼈던 거죠.

새로운 가족이 되기 위한 연습

이혼을 바라보는 시선은 다양합니다. 하지만 이런 주위의 시선에 대응해야 하는 것도 자신의 몫입니다. 이런 시선을 본인이 어떻게 받아들이느냐가 중요하죠. 대수롭지 않게 여기면 별일 아닌 것이 되고, 불편하고 거북하게 여긴다면 점점 위축된 생활을 하게 될 겁니다. 주위의 시선에서 빠져나오지 못하고, 스스로를 이혼남, 이혼녀 프레임에 가두어서는 안 됩니다.

주위의 시선이 변해야 하듯 자신의 마음가짐도 변해야 합니다. 내가 당당해질 방법은 내 마음을 굳건히 하는 것 말고는 없습니다. 당당하게 한 걸음씩 나아가는 연습을 하다 보면 한번 다녀왔다는 사실이 별거 아닌 일이 되고, 내 인생에도 큰 영향을 미치지 못할 것입니다.

Part5

행복한 어른이 되기 위한
연습

나만 불행한 것 같아

왜 나한테만 불행한 일이 일어날까?

다정과 건수는 2년간의 열애 끝에 결혼을 약속했습니다. 건수는 연애 기간 동안 다정을 끔찍하게 아꼈죠. 때와 장소를 가리지 않고 다정에게 애정 공세를 퍼부어 주변의 원성을 사기도 했습니다.

그러던 어느 날, 다정은 건수의 바람 현장을 두 눈으로 목격하게 됩니다. 건수의 외도를 알게 된 다정은 식음을 전폐하고 눈물로 하루하루를 지새웠습니다. 그 모습을 보다 못한 주변 사람들은 건수와 헤어질 것을 권유했죠.

하지만 다정은 주변 사람들의 만류에도 건수와의 결혼을 감행

행복한 어른이 되기 위한 연습

했습니다. 다정의 마음이 워낙 확고했고, 결국 그녀의 고집대로 결혼이 성사된 거죠.

그들의 결혼 생활은 6개월을 넘기지 못했습니다. 건수는 결혼 후에도 다른 여자들과 어울리며 술을 먹느라 외박을 일삼았고, 집에 있을 땐 온종일 잠만 잤습니다. 다정은 결혼 후에 더 깊어진 외로움과 배신감에 시달리며 고통스러워했습니다.

다정은 왜 자기에게만 불행한 일이 자꾸 생기는지 원망스러웠습니다. 남들은 평화롭게 연애하다가 축복받으며 결혼하는데, 본인은 그게 아니었으니까요. 다정은 신을 원망하기도 하고, 주변 사람들을 원망하고, 주변환경도 원망하다가 결국엔 자신을 원망하는 지경에 다다랐습니다. 남들처럼 행복하게 살지 못하는 자신이 한심하고 원망스러워 미칠 지경이었죠.

사랑하는 사람과의 이별은 누구에게나 어떤 형태로든 찾아옵니다. 연애하다가 이별하거나, 결혼 후 이혼하거나, 시간이 지나 사별하는 등 어떤 형태로든 이별은 찾아오죠. 이별은 삶의 과정 중 일부일 뿐 '나에게만 불행한 일이 생긴다'라는 건 확대 해석에

가깝습니다. 그러니 나만 불행한 일을 겪고 있다는 생각이 든다면, 그것이 스스로의 마음에서 시작된 불행이 아닌지 들여다봐야 합니다.

불행도, 행복도 모두 내 선택이었다

전 세계에 가상화폐 열풍이 불던 시절, 대선도 투자 대열에 합류했습니다. 대선이 선택한 건 가상화폐였습니다. 그는 주변 사람들의 말을 듣고 5천만 원이라는 거액을 가상화폐에 투자했죠. 매일매일 끝없이 상승하는 그래프를 보며 대선은 가슴이 뛰었습니다. 시간이 지나며 기하급수적으로 불어나기만 하는 돈을 보며 대선은 좀 더 욕심을 내보기로 했습니다. 3천만 원을 더 투자하기로 한 거죠. 결국 평생 모은 돈에 대출까지 받아 총 8천만 원이라는 엄청난 돈을 가상화폐에 투자하게 됩니다.

그렇게 몇 달이 지나자 그래프가 하강하기 시작했습니다. 그동안 벌어놓은 게 있으니 어느 정도 손실이 생겨도 괜찮았습니다. 대선은 서두르지 않고 분위기를 지켜봤습니다. 그러나 끝없이 치솟던 그래프가 한순간 끝없이 추락하자 대선은 슬슬 불안해졌습니다. 하지만 많은 사람이 가상화폐의 전망을 긍정적으로 이야기하며 동요하지 않았습니다. 대선 또한 주변 눈치를 살피며 꿋꿋이 버텼죠. 결국 그는 투자액 중 절반을 잃고서야 남은 가상화폐를 부랴부랴 매도했습니다.

투자에 실패한 대선은 자신에게 가상화폐를 추천한 주변 사람들을 원망하기 시작했습니다. 그 말을 철썩같이 믿고 대출까지 받아 투자한 자신이 어리석고 한심해서 미칠 것 같았죠. 눈에 안 보이는 신까지 탓하며 원망해보았지만 사라진 돈이 다시 돌아오진 않았습니다. 주변 탓을 할수록 자신의 정신과 마음만 피폐해질 뿐이었죠.

누구나 행복한 삶을 꿈꿉니다. 그럼에도 살다 보면 행복한 일만 일어나는 건 아닙니다. 행복해지려고 한 선택이 불행을 몰고오기도 하고, 큰 기대 없이 한 선택이 행복을 가져오기도 합니다. 중요한 건 모든 선택은 '스스로' 한 것이라는 점입니다.

어떤 선택이 어떤 결과로 이어질지 아무도 알 수 없습니다. 당시엔 최고의 선택을 했지만 불행한 결과로 이어질 수도 있죠. 일부러 불행을 선택한 것이 아니므로 내 선택을 후회하고 원망하기보다는 결국 나의 선택이었음을 받아들이는 것이 낫습니다. 결과야 어찌 됐건 우리는 최선의 선택을 한 것이니까요.

흔들리지 않고 피는 꽃은
없으므로

바람은 지나가려고 부는 것이다

건희는 오랫동안 회사에 다니며 사업자금을 모았습니다. 자기 사업을 하는 게 건희의 오랜 꿈이었죠. 어느 정도 준비가 되자 회사를 관두고 본격적인 실행에 돌입했습니다. 사무실을 계약하고 인테리어 업체와 미팅도 하고 집기를 고르는 등 행복한 나날을 보냈습니다. 하지만 행복도 잠시, 그의 꿈은 산산조각 나버렸습니다.

가족 중 한 명이 쓰러져 큰 수술을 받아야 하는 상황이 온 거였죠. 보험 적용도 안 되는 질병이라 온 가족이 발을 구를 수밖에 없었습니다. 건희는 사업자금으로 모은 돈을 선뜻 내놓았습니다. 건희의 도움으로 가족은 무사히 수술받았지만 더 큰 문제가 남아있었습니다. 회복을 위한 치료비가 앞으로 얼마나 더 들지 알 수 없었던 거죠.

건희는 고민 없이 남은 돈을 탈탈 털어 치료비에 보태기로 했습니다. 수십 년간 품어온 사업의 꿈이 무너지는 순간이었지만 건희는 후회하지 않았습니다. 그나마 차곡차곡 돈을 모아놨기에 가족을 살릴 수 있었다고 생각했죠.

살다 보면 누구나 어쩔 수 없는 상황, 계획에 없던 원치 않는 상황과 맞닥뜨리기도 합니다. 이럴 때 누군가는 삶을 비관하며 방황하기도 하고, 누군가는 건희처럼 불행 중 다행으로 여기며 스스로 위안하기도 합니다.

우리 인생엔 지나가는 바람이 수시로 불어옵니다. 크고 작은 고난이 바람을 타고 왔다가 바람을 타고 사라지죠. 중요한 건 바람은 정체하지 않는다는 겁니다. 고통이 왔다가 사라지면 반드시 행복도 바람을 타고 날아들 것입니다.

행복한 어른이 되기 위한 연습

인생은 멀리서 보면 희극, 가까이 보면 비극

유현은 소위 말하는 '엄친딸'입니다. 좋은 집안에서 자라며 다양한 스펙을 쌓고 비슷한 조건의 남편과 결혼해서 친구들의 부러움을 사곤 했습니다. 겉보기에는 어디 하나 흠잡을 데 없는 인생처럼 보였죠. 하지만 그녀는 자신의 인생이 그다지 행복하지 않다고 말합니다.

좋은 대학을 나왔지만 변변한 직장 한번 다녀본 적이 없고, 집안에서는 능력 없는 천덕꾸러기 취급을 당했습니다. 결혼 또한 조건에 맞춰서 하다 보니 남편과의 사이도 미지근했죠. 그녀는 오히려 평범하게 회사 다니며 자신의 꿈을 펼치는 친구들을 부러워했습니다.

사람은 누구나 자신의 인생을 가까이서 볼 수 있으므로 삶을 비극으로 느낍니다. 하지만 멀리서 바라보는 타인의 인생은 희극처럼 보입니다. 내 주위에 넘실대는 비극이 멀리서 바라보면 희극이 되기도 합니다.

내 인생도 타인의 인생을 바라보듯 한 발짝 물러나서 바라보세요. 너무 가까이서 본 탓에, 너무 비극적인 사실에만 초점을 맞춘 탓에 희극을 비극이라 여기며 살아간 것은 아닐까요.

시린 겨울이 지나면 반드시 봄이 온다

규현은 모든 걸 포기하고 싶을 때마다 자신의 과거를 떠올립니다. 규현은 영업사원이었습니다. 가난한 집안에서 자라 돈을 많이 벌고 싶었지만, 현실은 월 100만 원도 겨우 버는 날이 많았죠. 하지만 포기할 수도 없어서 악착같이 버텼습니다.

교통비를 아끼려고 웬만한 거리는 걸어 다녔고, 밥값을 아끼려고 끼니도 거르기 일쑤였습니다. 겨울에는 발가락이 얼어 너무 아팠고 여름엔 땀을 많이 흘려 집에 돌아오면 기진맥진하는 날이 많았습니다. 그렇게 3년을 버티니 자신만의 노하우가 쌓여 '영업왕' 자리에도 오를 수 있었죠. 3년을 매일 같이 추우나 더우나, 아프나 괴로우나 두 발로 뛴 결과가 그렇게 달콤할 수가 없었습니다.

그는 고생하며 쌓은 경험을 영업사원에게 가르치는 강사로 직업을 바꿔 이전 수익보다 몇 배나 더 많은 수익을 창출하고 있습니다.

누구에게나 공평하게 겨울과 여름이 옵니다. 삶의 계절도 마찬가지입니다. 누군가는 봄날을 사는 동안 누군가는 한파를 맞으며 겨울을 견딥니다. 하지만 영원한 봄날도 영원한 겨울도 없습니다. 사이클이 다를 뿐 누구에게나 공평하게 햇볕과 그늘은 찾아옵니다. 그러니 지금 겨울을 보내는 사람이 있다면 흔들릴지언정 쓰러지지는 않았으면 합니다. 시린 겨울바람에 격렬하게 흔들리다 보면 반드시 따뜻한 봄이 찾아올 테니까요.

아무것도 하고 싶지 않고
아무도 만나고 싶지 않다

무기력에 방치된 나

모든 게 귀찮고, 아무것도 하기 싫은 의욕 상실 상태가 반복될 때가 있습니다. 어제가 오늘 같고 오늘이 내일 같아서 삶이 지루하다는 생각만 들기도 합니다. 변화를 간절히 원하지만 행동은 안 하는 자신을 발견하기도 하고요. 몸은 점점 게을러지고, 한심한 자신을 보고 있으면 더 무기력해지죠. 무기력한 일상에서 벗어나려면 무엇부터 해야 할지 막막하기만 합니다. 벗어나고 싶지만 절대 벗어날 수 없는 블랙홀에 빠진 것만 같습니다.

무기력은 어느 날 갑자기 찾아오지 않습니다. 원하는 결과를 얻지 못하는 일이 반복적으로 일어나거나 실망하는 일이 거듭되면 무기력에 빠지기 쉽습니다.

열심히 일했는데도 회사에서 인정받지 못할 때, 열심히 공부했는데도 성적이 안 오를 때, 취업을 위해 죽을힘을 다했는데 면접에서 번번이 떨어질 때 등 부정적인 상황에 계속 노출되면 무기력이 학습됩니다. 이렇게 학습된 무기력은 노력해봤자 크게 변하지 않을 것이라는 상실감이 더해져 더욱 단단해지기도 하죠.

형수는 10년 차 보험설계사입니다. 성실하고 성과도 좋아서 우수사원으로 뽑힌 적도 여러 번입니다. 그랬던 그가 언제부턴가 고객과의 약속을 미루기 일쑤였고, 사람을 만나는 것도, 일하는 것도 외면하고 피하고 싶어 했습니다. 그는 연차가 쌓일수록 더 큰 성과를 내야 한다는 부담감에 휩싸였습니다. 그러다 보니 예전만큼 성과를 내지 못할 때마다 실망하고 자책했죠. 그게 지속되자 패배감으로 이어졌고, 패배감에 쌓인 일상이 반복되면서 몸과 마음은 지쳐갔습니다. 결국 무기력이라는 블랙홀에 빠져버렸죠. 하지만 형수는 그 블랙홀에서 빠져나오기를 간절히 원했습니다.

　형수가 무기력에서 빠져나오기 위해 가장 먼저 한 일은 그동안 세운 목표를 백지화하는 것이었습니다. 목표를 백지화하고 당장 자신 있게 할 수 있는 낮은 수준의 목표 하나만을 세웠죠. 과거에 이룬 성과와 현재를 비교하고 목표를 자꾸 상향하다 보니 좌절하고 실망하는 일이 반복됐다는 것을 깨닫게 된 겁니다. 그는 너무 높게 잡은 목표 탓에 좌절감에 시달리는 악순환에 빠지지 않으려는 작은 시도를 반복하며 일상으로 돌아오기 시작했습니다.

　혹시 형수처럼 무기력에 빠진 상태인가요? 그렇다면 모든 것을 내려놓고 지금 나의 한계를 인정하는 것부터 시작해봅시다. 이를 통해 현실적인 목표를 세울 수 있고, 작은 목표이지만 그것을 달성함으로써 성취감과 자신감을 쌓아갈 수 있습니다.

무기력해도 괜찮아

미진이는 남들 다 가는 여행 한번 가지 않고, 퇴근 후 시원한 맥주 한잔 마실 여유도 없이 앞만 보고 달려왔습니다. 하지만 언제부터인가 몸과 마음이 예전 같지 않음을 깨닫고는 덜컥 겁이 났습니다. 아직 해야 할 일도, 하고 싶은 일도 많은데 몸이 말을 듣지 않으면 어쩌지 하는 불안감에 휩싸였습니다.

그녀는 몸과 마음이 긴장의 끈을 놓지 못하도록 더욱 자신을 채찍질하며 앞으로 나아가고자 했습니다. 하지만 미진의 의지나 생각과는 달리 몸과 마음이 잘 따라주지 않았죠. 그녀는 이미 에너지가 바닥난 몸과 마음을 억지로 질질 끌고 나아가려 했지만 그럴수록 더 힘이 빠지는 것 같아 괴로웠습니다.

종종 무기력의 늪에 빠졌을 때 상황을 회피하고 인정하지 않거나, 혹은 무기력에서 빠져나오기 위해 그간 쏟았던 노력보다 더 큰 에너지를 쓰기도 합니다. 하지만 이는 오히려 무기력을 악화시키는 요인이 되기도 합니다. 타이어에 바람이 빠졌다는 사실을 알고도 더욱 속력을 내는 자동차와 비슷합니다. 그만큼 위험할 수 있다는 말이죠.

누구에게나 무기력한 순간이 찾아올 수 있습니다. 이는 목표를 향해 열심히 달려왔으니 목도 축이고, 숨도 고르며 잠시 쉬어 가라는 신호일지도 모릅니다. 쉬어가라는 신호를 무시한 채 억지로 이겨보겠다며 몸과 마음을 혹사하면, 무기력은 더욱 강력한 힘을 발휘해 나를 주저앉힐지도 모릅니다.

타이어에 구멍 난 걸 알면서도 어떻게든 목적지까지 가겠다며 달리다 보면 작은 돌멩이를 밟고도 쉽게 터지거나 더 큰 사고로 이어질 수 있습니다. 멀리 가려면 작은 구멍이라도 꼼꼼하게 수리하고 다시 출발해야 합니다. 목적지에 도달하는 것도 중요하지만, 안전하게 도달하는 것이 무엇보다 중요하니까요.

행복한 어른이 되기 위한 연습

나를
불행하게 만드는 것들과의
이별

타인의 시선으로 내 삶을 살지 않기

이수는 수많은 팔로워를 가진 프리랜서 모델이자 인플루언서입니다. 요즘 그녀의 가장 큰 고민은 바로 SNS입니다. 처음엔 가벼운 마음으로 시작했던 SNS였는데, 팔로워 수가 늘고 그녀를 칭송하는 댓글이 늘어나자 마음의 부담 또한 커졌던 거죠. 그녀는 점점 진짜 본인의 모습은 꼭꼭 숨기고, 화려한 모습만 찍어 SNS에 게시했습니다. 그러고는 하루에도 수십 번씩 댓글을 읽으며 일희일비했죠.

수만 명의 SNS 친구도 있고, 그녀를 칭송하는 글도 넘쳐났지만 이수는 왠지 즐겁지 않았습니다. 자신의 진짜 모습은 점점 사라지고 있다고 느꼈죠. 그럼에도 이수는 허세샷을 찍어 게시하는 걸 멈출 수 없었습니다.

이수처럼 자존감이 낮은 사람들은 스스로를 인정하지 못해서 타인의 시선에 목을 맵니다. 누군가의 인정으로 자신의 공허한 마음을 채우는 거죠. SNS를 통해 인맥을 만들고 자존감을 높일 수 있다면 더할 나위 없이 좋지만, 이수처럼 타인의 시선에 일희일비하며 끌려다니는 사람들도 있습니다.

하지만 내 삶을 내가 존중하고, 스스로 인정해야 주체적인 삶을 살 수 있습니다. 타인이 내 삶을 살아주는 게 아니라 내가 내 삶을 살아가야 하는 것이니까요.

행복한 어른이 되기 위한 연습

눈에 보이지 않는 것에 연연하지 않기

수지는 조심성이 많은 성격입니다. 행여나 나쁜 일이 생길까봐, 원치 않는 사고가 발생할까 봐 늘 걱정하는 편입니다. 그런 수지에게 친구들은 걱정 좀 사서 하지 말라고 조언합니다. 수지는 친구들의 말을 이해하면서도, 자기라도 주변을 챙겨야 무슨 일이 생겨도 대처할 수 있다는 생각에 걱정을 놓을 수가 없습니다. 혹시 모를 사고에 항상 대비하고 있어야 마음이 덜 불안하기 때문이죠.

우리의 인생은 한 치 앞을 알 수 없어서 누구나 적당한 불안감을 안고 살아갑니다. 하지만 수지처럼 유난히 조심성 많은 사람들이 있죠. 그들은 이유 없이 불안해하고 작은 일에도 크게 스트레스를 받곤 합니다.

하지만 일어나지도 않을 일을 상상하며 괜한 불안에 빠질 필요는 없습니다. 별다른 이유 없이 막연한 불안감에 고통받고 있다면 하루빨리 불안의 고리를 끊어내는 것이 좋습니다.

일어나지도 않은 일을 상상하며 스트레스를 받고 있다면, 타인의 고민을 들어주듯 나를 바라보는 연습을 해보세요. 우리는 타인의 고민을 들어줄 때 최대한 객관적이고 현실적으로 문제를 바라보고 조언합니다. 이처럼 자기 일도 한 발짝 물러서서 남의 일 대하듯 봐야 한다는 거죠.

객관적인 시선으로 봐야 제대로 볼 수 있습니다. 그래야 별일 아닌 것을 크게 걱정하는 건지, 진짜 걱정할만한 일인지 정확히 판단할 수 있죠.

객관적으로 보는 연습이 되었다면 최악을 상상하기보다는 최고의 상황을 상상하는 연습을 해봅시다. 모든 불안과 걱정은 최악의 상황을 상상하면서 만들어집니다. 그러나 반드시 최악의 상황이 올 거라는 보장은 없습니다. 괜한 추측으로 자신을 불안 속에 몰아넣지 않도록 해야 합니다.

또한 대부분의 걱정은 현실에서는 일어나지 않는다는 것을 깨달아야 합니다. 살면서 다양한 걱정을 수없이 해왔지만, 걱정한 만큼 큰일이 일어나지 않았던 경험을 한 번쯤은 해봤을 겁니다. 이처럼 우리가 하는 대부분의 걱정은 현실에서 일어나지 않는 경우가 더 많습니다. 그러니 지금의 걱정 또한 현실에서 일어나지 않을 것이라는 믿음을 가져봅시다.

어제의 기분이 오늘의 태도가 되지 않기를

다은은 지난밤에 남자 친구와 크게 싸우고 말았습니다. 뜬눈으로 밤을 보내고, 회사에 출근해서도 일에 집중할 수 없었죠. 기분도 가라앉고 몸도 피곤해서 온종일 실수를 연발하다가 결국엔 사고를 치고 상사에게 불려가 호되게 야단까지 맞았습니다.

다은은 서럽고 속상한 마음을 풀고 싶어서 가장 친한 친구인 지수에게 전화를 걸었습니다. 다은의 이야기를 들은 지수는 한달음에 달려와 그녀를 위로해 주었죠.

그런데 다은의 태도가 이상했습니다. 먼 길을 달려온 지수가 '그깟 일 다 잊으라'고 위로하자 다은은 '네 일 아니라서 함부로 말한다'고 쏘아붙였죠. 당황한 지수가 나름대로 해결책을 제시하면 다은은 콧방귀를 뀌며 들은 척조차 하지 않았습니다. 다은의 태도에 지수도 점점 화가 났습니다.

전날 상했던 감정 때문에 오늘을 망친 적이 있나요? 타인에게 받은 상처를 애먼 사람에게 푼 적은요?

감정 조절을 못 해서 어제의 기분이 오늘의 태도가 되고, 오늘의 기분이 내일의 태도가 되는 사람들이 있습니다. 내 안에서 해소하지 못 한 감정이 태도가 되어 타인에게도 불쾌한 감정을 전이시키곤 하죠. 시간이 지나 감정이 가라앉으면 '그때 조금만 더 참아볼 걸' 후회합니다.

내가 불쾌하다는 이유로 죄 없는 사람에게 화풀이하는 사람들은 기분이 태도가 되지 않기 위한 연습을 해야 합니다. 나도 모르게 불편한 감정이 올라올 땐 화부터 내지 말고 현재의 감정이 진짜인지 가짜인지를 구별해야 합니다. 무조건 참으라는 말이 아니라 더 성숙한 방법으로 표현할 수 있을지 고민하는 시간을 갖는 거죠. 그 시간 동안 치솟았던 감정이 누그러지기도 하고, 불필요한 악감정이었음을 깨달을 수도 있습니다.

나를 화나게 한 사람에게 내 감정을 표현하는 일은 감정을 관리하는 데 있어 필요한 과정입니다. 하지만 타인에게 받은 상처를 다른 사람에게 풀며 스트레스를 해소하는 건 서로에게 상처만 남기겠죠. 내 기분이 태도가 되어 상대에게 상처를 주지 않으려면 내 감정을 먼저 점검해보는 연습이 필요합니다.

최고의 선택은 없다,
최선의 선택만 있을 뿐

어떤 선택이 최고의 선택일까?

유미는 타고난 무용수입니다. 재능을 갖고 태어나 성인이 될 때까지 무용을 했고, 업계에서 인정할 정도로 실력이 뛰어납니다. 그런 유미가 최근에 카페를 창업했습니다. 본인이 잘하는 일과 하고 싶은 일을 두고 고민하다가 결국엔 하고 싶었던 카페를 열게 된 거죠.

초기에는 손님이 없어도 열정과 자신감만으로 버틸 수 있었습니다. 그러나 카페 운영이 생각처럼 쉽지 않다는 것을 점차 깨달았습니다. 처음 해보는 일인지라 실수가 잦았고, 매출이 늘기는

커녕 지출만 쌓여갔습니다. 결국 유미는 지속되는 적자를 감당하기 힘들어 폐업을 결정하게 됩니다. 유미는 열정만 가지고 덜컥 일을 벌인 것을 후회했습니다. 좀 더 옳은 선택이 있었을 텐데, '내가 왜 그랬을까' 자책했죠.

다시 과거로 돌아간다면 유미의 선택은 달라질까요? 아마 똑같은 선택을 할 겁니다. 유미뿐만 아니라 인간은 누구나 옳은 선택을 하려고 노력합니다. 망하는 걸 원하는 사람은 없을 테니까요. 그 선택이 좋은 결과를 가져다주면 더할 나위 없이 좋겠지만, 시련이 되어 돌아오는 일도 있습니다.

신이 아닌 이상 어떤 선택이 최고일지 최악일지 그 순간엔 알수 없습니다. 그저 '최선'이라고 생각되는 선택을 할 뿐이죠. 그러니 어떤 선택 뒤에 따라오는 결과를 두고 자책할 필요도, 후회할 필요도 없습니다.

행복한 어른이 되기 위한 연습

하고 싶은 일 앞에서 망설여진다면

서령은 대학 졸업 후 한 기업의 사내 강사로 취업했습니다. 보통 직장인처럼 적당한 연봉을 받으며 적당히 일할 수 있었죠. 안정적이라는 장점이 있었지만 서령이 원하는 강의를 마음껏 할 수 없어서 늘 갈증을 느꼈습니다. 서령은 본인이 원하는 강의를 마음껏, 자유롭게 하기를 원했습니다. 그러려면 프리랜서로 전향해야 하는데, 일정한 수입과 일이 유지된다는 보장이 없어서 선뜻 결정할 수 없었습니다. 회사에 남아 차곡차곡 커리어를 쌓으며 답답한 마음으로 사느냐, 프리랜서로 전향해 하고 싶은 강의를 마음껏 하며 불안하게 사느냐. 서령은 이상과 현실 사이에서 갈팡질팡 고민했습니다.

결국 그녀는 프리랜서로 전향하는 것을 선택하여 마음껏 날갯짓하며 성장하고 있습니다. 예상대로 힘들고 험난한 과정은 있었지만 본인의 선택을 후회하진 않았습니다.

살면서 하고 싶은 일만 하며 살 수는 없습니다. 하지만 하고 싶은 일 앞에서 매번 망설일 필요도 없습니다. 그동안 쌓아온 것들이 무너질까 봐 두려워서 새로운 시작을 망설이고 있다면 용기를 가졌으면 좋겠습니다. 하고 싶은 일이 휴식이어도 좋습니다. 잠시 쉬어간다고 해서, 새로운 일에 도전한다고 해서 그동안 해왔던 모든 일들이 생각처럼 한순간에 무너지거나 사라지지 않으니 좀 더 용기를 내도 괜찮습니다.

선택의 연속이 모여 인생이 된다

우리의 인생은 늘 선택의 연속입니다. 선택하지 않으면 앞으로 나아갈 수 없죠. 매 순간 선택하며 살아가지만 모든 선택이 옳은 결과를 가져오는 건 아닙니다. '애초에 옳은 선택이 있는 걸까?'라는 의문이 들기도 합니다.

선택은 피할 수 없습니다. 눈앞에 최악과 차악만 있다면 차악이라도 선택해야 하는 게 인생입니다. 우리는 순간순간마다 나름 최선의 선택을 하며 나아가고 있고, 그 선택들이 모여 결국 우리의 인생이 됩니다.

행복한 어른이 되기 위한 연습

내 생각이
내 인생이 된다

불행하다는 생각이 불행을 만든다

　상아는 '나는 운이 나빠서 불행한 일투성이다'라며 투덜대는 습관이 있습니다. 그녀에게 일어나는 크고 작은 사건들이 모두 자신의 불운 때문에 일어난 것이라 여겼죠. 4년제 대학이 아닌 2년제 대학에 간 것도, 직장에 겨우 들어갔지만 며칠 만에 관둘 수밖에 없었던 것도, 사랑했던 남자와 결혼까지 했지만 1년이 채 안되어 이혼한 것도 자신이 불행한 사람이라서 생긴 일이라 여겼습니다.

하지만 그녀의 생각과 달리 주위 친구들은 상아에게 늘 행운이 따른다고 생각했습니다. 학창 시절 공부와는 담을 쌓고 살던 상아가 대학에 진학한 것은 기적 같은 일이라고 생각했습니다. 힘들게 입사했음에도 미련 없이 퇴사할 수 있었던 것도 경제적 지원과 응원을 아끼지 않는 부모님 덕분이라 생각했죠. 결혼 또한 온 가족이 뜯어말릴 정도로 반대가 컸지만 상아가 우기고 우겨서 한 것이었습니다. 또한 인품이 좋지 않은 사람과 결혼 생활을 유지하는 게 오히려 불행이었을 겁니다. 이혼은 오히려 상아가 새로운 인생을 살 수 있는 행운과도 같은 기회였습니다.

그녀의 삶은 본인의 생각대로 흘러갔습니다. 스스로 불행하다고 여기니 모든 일이 불행하게만 느껴졌습니다. 그녀의 부정적인 생각은 표정과 태도로도 드러났죠. 늘 찌푸린 얼굴과 심드렁한 태도는 결국 진짜 불행한 일로 연결되어 점점 불행한 사람이 되어갔습니다.

살다 보면 부정적인 생각과 말들이 절로 새어 나올 때가 있습니다. 어쩌다 한 번이야 그럴 수 있겠지만, 그게 습관으로 굳어지면 결국 인생이 부정적으로 변하기도 합니다. 스스로 불행하다고 생각하면 내게 온 행운을 알아채기 힘들 뿐 아니라 그 행운마저 불행한 일로 치부하게 됩니다. 결국 부정적 생각과 태도는 부정적인 결과를 낳게 됩니다.

관점을 바꾸면 인생이 바뀐다

미향은 어린 시절 끼니도 제대로 못 챙길 만큼 가난했습니다. 그 시절의 트라우마로 돈에 대한 집착이 심해졌죠. 통장에 돈이 있어도 늘 불안했고, 돈을 벌면서도 더 많이 벌어야 한다는 강박에 시달렸습니다. 빚이 있는 것도, 밥을 못 먹는 것도 아니었습니다. 그럼에도 늘 본인이 가난한 것만 같아 가슴이 답답했습니다.

그녀는 매일매일 쫓기는 기분으로 살았습니다. 돈이 있음에도 돈이 없는 것 같은 불안감에 하루도 쉬지 않고 악착같이 일했습니다. 통장에는 차곡차곡 돈이 쌓였지만, 그녀의 마음은 점점 더 우울해져서 매일 밤을 눈물로 지새웠습니다. 돈을 벌어도, 돈을 모아도 돈에 대한 집착으로 자신을 불행의 구렁텅이로 몰았던 겁니다.

더는 불행하게 살고 싶지 않았던 미향은 돈에 대한 집착을 조금씩 내려놓기로 마음먹었습니다. 열심히 일해서 돈을 모으는 습관은 그대로였지만 돈을 대하는 마음을 바꾸기로 했죠. 그동안은 돈을 많이 벌고, 돈을 많이 모아야 행복해질 것이라 생각했습니다. 하지만 단순히 돈을 많이 벌고, 많이 모은다고 해서 반드시 행복하지만은 않다는 사실을 깨닫고 돈의 유무에 집착하지 않기로 했습니다.

그 후 그녀의 삶은 조금씩 여유로워졌습니다. 돈에 집착하지 않으니 자신을 돌보는 데 시간을 쓸 수 있었죠. 물리적인 환경은 변한 게 없었지만 미향의 생각과 마음이 변하니 삶 전체가 바뀌어갔습니다. 그녀는 돈에 얽매여 발을 동동 구르던 삶에서 벗어나 소소하지만 여유로운 삶을 채워나가고 있습니다.

우리는 삶이 바뀌려면 환경이 변해야 한다고 생각합니다. 물론 환경이 변하면 삶도 변할 수 있습니다. 하지만 그렇게 생긴 변화는 오래가지 않을지도 모릅니다.

우리의 삶은 내 생각에 따라 어떤 방향으로 흐를지 결정된다고 해도 과언이 아닙니다. 답답한 인생을 바꾸고 싶다면 인생을 바라보는 관점을 바꿔보세요. 바뀐 관점만큼 인생도 바뀌어 있을 겁니다.

보통은 모두 불행하다

현재의 불행이 미래의 불행은 아니다

학창 시절 운동선수로 활약했던 범수는 큰 부상으로 운동을 관두게 됐습니다. 프로 선수가 되겠다는 꿈을 접고 일반 회사에 들어갔지만 얼마 안 가 회사 사정으로 그만둬야 했습니다. 하루 아침에 직장을 잃고, 사랑했던 여자 친구와도 이별하고, 몸과 마음은 점점 망가져 갔습니다.

안 좋은 일이 계속되자 그는 스스로 '재수 없는 인생'이라며 모든 불행은 자신에게만 온다고 말했습니다. 그의 상황은 안타깝고 속상하지만 그보다 더 안타까운 건 그의 생각이었습니다. 자기 인생은 항상 불행하다는 프레임에 갇혀 행복한 일들에는 시선이 닿을 수 없었습니다. 그는 오로지 '불행'에 초점을 맞추어 자신을 불행한 인생으로 몰아넣고 있었죠.

주위를 보면 자신을 행복한 사람이라고 말하는 사람도 있고, 행복하지 않다고 말하는 사람도 있습니다. 이들에겐 공통점과 차이점이 있습니다. 공통점은 이들 모두에게 행복한 일과 불행한 일이 일어난다는 것입니다. 차이점은 행복한 사람은 수많은 불행 속에서도 작은 행복에 집중하고, 불행한 사람들은 행복한 일이 일어나도 불행한 일만 생각한다는 겁니다.

스스로 행복하다고 여기는 사람은 불행이 찾아와도 행복한 삶을 위해 노력합니다. 또한 현재의 불행이 자신의 미래라고 여기지도 않습니다. 그러나 스스로 불행하다고 여기는 사람들은 지금의 불행이 미래에도 계속될 거라는 생각에 사로잡힙니다. 이런 생각을 가진 사람들은 행복이 찾아와도 알아채지 못하고 눈앞에서 놓치고 맙니다. 오로지 불행에만 초점을 맞추며 살아가기 때문이죠.

열 번 불행하고 한 번 행복한 것이 인생이다

형택 씨는 평범한 회사에 다니는 가장입니다. 그는 아내와 30세의 아들, 28세의 딸과 한집에서 삽니다. 늘 밝고 씩씩한 형택 씨지만 그에게도 말 못 할 고민이 있습니다. 바로 아들입니다. 그의 아들은 고등학교를 졸업한 후 대학도 가지 않고, 직장 생활 또한 한 번도 해본 적이 없습니다. 10년 가까이 집에 틀어박혀 컴퓨터 게임을 하거나 먹고 자는 것이 일상이죠. 그런 아들에게 호통도 치고, 달래도 보고, 회유도 해보았지만 아들은 요지부동이었습니다.

형택 씨는 지금이야 자신이 돈을 벌고 있으니 아들을 부양할수 있지만 자신과 아내가 먼저 세상을 떠나면 아들은 어떻게 해야 하나 항상 걱정입니다. 하루하루 먹고살기 바빠 노후 준비도하지 못했기에 물려줄 재산도 없어서 그는 늘 아들 걱정에 속이타들어 갔습니다. 그는 10년 넘게 집에만 틀어박혀 있는 아들을보며 자기 인생이 불행하다고 생각했습니다.

그러나 그에게는 속 썩이는 아들만 있는 게 아니었습니다. 야무지고 생활력 강한 딸도 있었죠. 얼마 전엔 딸의 도움으로 형택 씨네 가족이 살 집도 마련할 수 있었습니다. 작은 집이지만 더 이상 월세를 내지 않아도 됐고, 이사 다닐 필요도 없는 집이었죠. 딸의 조언대로 수익을 관리하고 꾸준히 저축하며 재테크한 결과였습니다.

형택 씨는 늘 불행하다고 여겼던 지난 10년을 모두 보상받는 듯했습니다. 아들은 여전히 방안에서 게임에 빠져있지만, 걱정을 조금 덜었다는 것만으로도 큰 위안이 됐습니다.

우리 인생은 맛있는 음식과 맛없는 음식을 경험하는 것과 비슷합니다. 평생 간이 되지 않은 '무맛'의 음식을 먹으며 살았다면 '맛'에 대해 알 길이 없을 겁니다. 반대로 평생을 맛있는 것만 먹다가 맛없는 음식을 먹게 되면 맛에 대한 가치를 귀하게 여깁니다.

모든 사람이 맛있음과 맛없음을 경험해보았기 때문에 둘의 다름을 비교할 수 있고, 맛있는 음식의 가치를 더 높이 평가하는 거죠. 행복과 불행도 마찬가지입니다. 늘 불행 속에 살았다면 그게 불행인지조차 인지하지 못하고 당연한 것으로 여길 것입니다. 반대로 늘 행복한 일만 있다면 그것이 당연한 일상이 되어 어지

간한 일에는 행복을 느낄 수 없겠죠. 보통의 사람들은 불행한 일을 겪어봤기에 행복함도 느낄 수 있습니다.

'불행은 왜 항상 나만 따라다닐까?'라는 생각이 드나요? 너무 속상해 할 필요는 없습니다. 불행은 모두에게 한 번쯤은 찾아오니까요. 세상에 늘 행복하기만 한 사람은 없습니다. 보통은 모두 불행하지만, 그 불행 속에서 작지만 소소한 행복을 찾고 느끼며 살아가는 것이 보통 사람들의 삶일지도 모릅니다.

행복한 어른이 되기 위한 연습

현재의 내가
미래의 내 행복을
가로막지 못하도록

내가 변화하고 성장하는 만큼 인생도 변한다

향이는 소싯적 친구들 사이에서 '인싸(사람들과 적극적으로 어울리는 사람)'로 통할 정도로 매일, 매시, 매분을 바쁘게 사는 친구였습니다. 평일에는 퇴근 후에 아르바이트를 하고, 주말에는 친구들과 열정을 불태우며 놀았습니다. 그 와중에 자신의 취미활동과 자기계발까지 하던 부지런한 친구였죠.

그랬던 그녀가 어느 순간부터 180도 다른 사람이 되어 있었습니다. 회사 일 외에는 모든 것에 관심이 줄었고, 변화나 도전을 꺼리기 시작했습니다. 아주 사소한 변화도 시도조차 안 하려고 했죠. 자기계발에 목숨 걸던 그녀가 자기계발은커녕 취미나 여가활동조차도 대단히 힘겨운 결심을 해야만 겨우 할 수 있는 사람이 되어 있었습니다.

향이가 변한 건 헤어진 남자 친구 때문이었습니다. 향이는 남자 친구와의 미래를 꿈꾸며 매사 열심히 노력했지만, 그 남자는 생각이 달랐습니다. 늘 열심히 자기 삶을 개척하는 향이를 질투했고, 향이의 성장과 변화를 배 아파하는 미성숙한 사람이었던 거죠. 자신은 늘 제자리인 것 같은데 하루하루 앞으로 나아가는 향이를 보자 강력한 자격지심에 사로잡혔습니다. 남자는 결국 자신에게 안정감을 줄 수 있는 여자를 찾아 떠났습니다.

누구보다 열심히 살았고, 그런 자신을 대견하게 생각하던 향이는 남자 친구와의 이별에 좌절했습니다. 이별의 아픔을 겪으면서 자신의 가치에 대해 의구심까지 품게 됐죠. 결국 그녀는 조금씩 하락선을 타기 시작했고, 점점 변화와 성장을 위해 노력하지 않는 사람으로 전락했습니다.

향이는 아무것도 하지 않는 삶에 점점 적응했습니다. 적응은

행복한 어른이 되기 위한 연습

습관이 되었고 습관은 그녀의 일상이 되었습니다. 하지만 그녀도 이렇게 살아서는 행복하지 않다는 것을 잘 알고 있었습니다. 단지 생각만큼 몸이 따라주지 않았을 뿐입니다.

떠나간 남자 친구 때문에 자기 삶을 허비하는 것 같다는 생각이 든 향이는 다시 일어나기 위해 조금씩 노력했습니다. 남 탓을 하며 시간을 허무하게 보내는 것은 자신이 행복할 권리를 스스로 짓밟는 일이라는 것을 그녀는 잘 알고 있었습니다. 익숙해진 일상을 하루아침에 바꾸는 게 쉽지 않았지만, 다시 시작하기로 마음먹었다는 것이 그녀로선 굉장한 발전이었습니다.

살면서 대단한 것을 얻어야만 행복이 아닙니다. 얻고 싶은 것이 있든 없든 현재 자신의 성장과 발전을 위해 노력하는 것만으로도 충분히 행복한 매일을 만끽할 수 있습니다.

작은 변화가 쌓이면 미래의 내가 된다

도영이는 학창 시절 누구보다 열심히 공부했고, 자신이 목표

한 대학에 들어가 원했던 치위생사로 취업도 했습니다. 유명한 치과병원의 치위생사로 근무하던 몇 년간은 시간이 어떻게 흐르는지 모를 만큼 바쁘고 보람차게 살았습니다. 하지만 어느 순간 그 길이 제 길이 아닌 것만 같았습니다. 하루하루 다람쥐 쳇바퀴 굴러가는 듯한 현실이 버거웠고, 결국 퇴사를 결심했죠.

도영은 언제든 새로운 일을 쉽게 찾아 잘 해낼 것이라고 믿었습니다. 하지만 현실은 냉혹했습니다. 적당한 일자리가 없었고, 공백기가 길어지니 자신감도 떨어졌습니다. 자신이 옳은 선택을 한 것인지, 앞으로 어떻게 살아가야 할지 막막해졌죠. 그런 두려움이 도영을 우울하게 만들었습니다. 자기 생각대로 일이 풀리지 않자 예전의 패기 넘치던 모습은 온데간데없고, 잔뜩 풀죽은 모습으로 하루하루를 보냈습니다. 그러다 보니 어느덧 사계절이 흘렀습니다.

그제야 도영은 정신이 번쩍 들었습니다. 모든 걸 포기한 채 하루하루를 무의미하게 보내는 자신의 모습에 화가 났죠.

그녀는 당장 새로운 일자리를 찾지 못한다면 아주 작은 것이라도 시작해보기로 했습니다. 작은 변화를 경험하다 보면 그게 쌓여서 지금보다는 삶이 나아질 것이라고 생각했죠.

그렇게 그녀는 아주 조금씩 삶의 변화를 주기 시작했습니다. 물론 당장 일할 곳을 찾지는 못해서 불안했지만, 지금의 작은 노력들이 쌓이면 미래의 행복이 될 것이기에 지치지 않고 차근차근 경험을 쌓아갈 수 있었습니다. 그렇게 작은 변화와 경험이 쌓이다보니 좋은 기회가 찾아왔고, 기회를 잡을 수 있었습니다.

그동안 도영은 걸음을 떼는 것보다는 목적지에만 초점을 두다 보니 좌절하고, 변화하지 못했습니다. 목적지에 가려면 조금 돌아가는 길일지라도 반드시 걸음을 떼야 한다는 아주 간단한 진리를 뒤늦게 깨닫게 되었습니다.

인생은 한 걸음부터라는 말이 있습니다. 하지만 그 한 걸음조차도 버거울 때가 있습니다. 그렇다고 포기하자니 경험해보지 못한 찬란한 미래가 기다리고 있을 것 같습니다. 이럴 땐 반걸음부터 떼보는 것도 좋습니다. 시작도 해보지 않고 우리의 행복을 포기하기에는 인생이 너무 아까우니까요.

지금 이 순간에도
행복해야 할 당신에게

현재의 내가 미래의 내 행복은 가로막지 못하도록

길을 가다 코끝을 스친 향수 냄새에 옛 추억이 떠오른 적 있나요? 옛날 사진을 보다가 애틋한 감정이 되살아나 심장이 두근거린 적이 있나요? 어린 시절 좋아하던 노래를 다시 들으며 그때의 순수하고 행복했던 감정이 떠오른 적은요?

살다 보면 고통스러운 날들도 많지만, 행복했던 순간들도 있습니다. 순수했던 학창 시절의 기억, 사랑하는 사람과 함께 떠났던 여행, 반려견과 처음 만났던 순간, 가족들과 함께했던 생일 파티의 기억…. 우리는 작든 크든 행복한 순간들을 경험해 왔고, 그 경험들은 기억 속에 저장되어 있습니다. 즐겁고 행복했던 순간을 한번 떠올려보세요. 사진이나 영상이 있다면 꺼내서 보아도 좋습니다. 그때의 기억을 떠올리면 그 당시 느꼈던 행복했던 감정도 함께 떠오를 것입니다.

모두 행복한 기억이 있음에도 대부분의 사람은 힘든 현실을, 고통스러운 지금을, 불안한 미래를 더 생각하며 살아갑니다. 하지만 우리는 행복한 기억을 자꾸 꺼내서 기억하고, 그때의 감정을 되새겨야 마음의 면역력을 기를 수 있습니다.

배의 닻을 내리는 이유는 배를 한곳에 단단히 고정하기 위함입니다. 우리의 마음이 배라면 행복한 기억은 닻과 같습니다. 행복한 기억을 마음 깊이 심어 쉽게 흔들리지 않도록 해야 합니다. 행복한 기억, 감정, 순간들을 마음에 고정해놓으면 힘든 순간이 찾아와도 견딜 힘이 생깁니다.

감정을 중화하는 연습

많은 사람이 다양한 이유로 부정적 감정에 시달리며 힘들어합니다. 이런 감정을 훌훌 털어낼 수 있다면 좀 더 행복할 텐데, 불편한 감정을 떨쳐버리는 게 말처럼 쉽지 않아서 더 힘듭니다. 그렇다고 그대로 안은 채 살아가는 것도 너무 버겁습니다.

부정적 감정은 우리의 행복을 방해하는 요인입니다. 그렇다면, 어떻게 부정적 감정에서 해방되어 자유로워질 수 있을까요?

펌을 해본 적이 있나요? 예쁘고 탄력 있는 컬이 나오려면 반드시 중화 단계를 거쳐야 합니다. 우리의 마음도, 감정도, 행복도 펌의 과정과 비슷합니다. 우리 마음속의 다양한 감정들, 특히 부정적인 감정을 잘 중화해야 더욱 행복해질 수 있습니다. 감정을 중화하는 과정 즉, 마음의 때를 잘 씻어내기 위해서는 강력한 믿음이 필요합니다. 부정적 감정을 떨쳐내고 긍정적으로 살 수 있다고 스스로 믿음을 가져야 합니다.

마음속에 부정적인 감정이 일어도 오랫동안 남겨두거나 그 감정에 무뎌지지 않도록 해야 합니다. 부정적 감정이 생기면 그 상황을 직면하고, 스스로 벗어날 수 있다고 확언하는 연습이 필요합니다. 사소한 말 한마디라고 생각할 수 있지만, 그 사소한 말이 부정적 감정을 행복한 감정으로 바꿔 주는 중화제 역할을 해줄 것입니다. 오늘도 부정적 감정 때문에 힘들었다면 자신에게 말해주세요.

'괜찮아, 나는 행복할 권리가 있는 사람이야!'